LOS DIEZ DE BOCA

SERGIO DOMÍNGUEZ

Los diez de Boca/ Sergio Domínguez - 1a edición

LIBROFUTBOL.com, 2022.

186 páginas; 15,2 x 22,9 cm.

ISBN 978-987-8943-36-7

1. Fútbol.
CDD 796.334

Los diez de Boca
de Sergio Domínguez

Cubierta: Luciano Medvetkin	Foto del autor: © Sergio Domínguez
© 2022 – Sergio Domínguez © 2022 – LIBROFUTBOL.com	Todos los derechos reservados
No se permite la reproducción parcial o total, el almacenamiento, el alquiler, la transmisión o la transformación de este libro, en cualquier forma o por cualquier medio, sea electrónico o mecánico, mediante fotocopias, digitalización u otros métodos, sin el permiso previo y escrito por el editor. Su infracción está penada por la ley.	
ISBN 978-987-8943-36-7	1ª edición: septiembre 2022

ediciones@librofutbol.com

+54 9 11 2215 1982

librofutbol

Av. del Libertador 6898 - Núñez - Ciudad de Buenos Aires–Argentina

Para Azul, lo único que quiero y necesito.
Para Reina, por su lealtad.
Para Mary, por su refugio.
Para los amigos, que siempre están.

ÍNDICE

PRÓLOGO

LOS 10 DE BOCA

Una camiseta emblemática para todo el pueblo boquense, cuyos inquilinos saben que al usarla irán directo a la pared de cada habitación de los hinchas en forma de póster eterno o a la indiferencia absoluta. Hasta hoy, en la era de los dorsales donde los jugadores prefieren sus números de suerte o de homenajes a familiares. La 10 de Boca puede personalizarse en próceres como Rojitas, Diego o Román. En notables intérpretes como Potente, Tapia, Zanabria o Insúa. Hasta Carlitos Tévez construyó algunas hazañas jugando con la 10, por eso leerás algunas efemérides suyas, aunque no integró este grupo de notables, pero —por ejemplo—, desde nuestra óptica, Nicolás Lodeiro aportaba más empuje que talento, entonces respetuosamente lo dejamos afuera. Manijas, enganches, creativos, distintos. Recorramos cada día con sus mejores recuerdos. Porque quien lleva esa casaca puede levantar, él solo, a toda una tribuna que se identificó toda la vida con la garra y el tesón pero se enderezó siempre ante los talentosos.

Los 10 más emblemáticos de la historia *XENEIZE*

"Daría un brazo por volver a jugar un partido con la camiseta 10 de Boca, sin ninguna duda. Y tener la fuerza física necesaria para hacerlo bien", Diego Maradona a *Diario Olé*, septiembre de 2015.

"La 10 de Boca va a ser mía toda la vida. Siento que le estoy prestando la camiseta porque siempre va a ser mía", Juan Román Riquelme a ESPN, enero de 2015.

"La 10 de Boca es la camiseta más hermosa que hay. No es pesada, pero tiene sus responsabilidades, como armar juego y hacerse fuerte en la creación del equipo. Conlleva una gran responsabilidad", Alberto José Márcico al *Diario Olé*, junio de 2021.

"A la 10 de Boca hay que valorarla más. Es de Riquelme y Maradona. No es un dorsal cualquiera", Carlos Tévez, diciembre 2020, Líbero TyC Sports.

"Hay distintas etapas y en cada etapa hubo números 10 que tuvieron su momento. En los 60 estuvo Rojitas, Maradona cuando estuvo en los 80, Márcico en los 90, Riquelme. Y en los 70 estuve yo", Osvaldo Potente, Infobae, enero 2020.

"Yo siempre me sentí muy querido y creo que estoy en el podio de Boca. Con Román y con algún otro. El tema es que la camiseta 10 de Boca se la pusieron tantos grandes que es feo comparar. Maradona... Lo que pasa es que Diego jugó solamente un año bárbaro, el 81. Después volvió y jugó menos. Carlitos Tévez, yo amo a Tévez", Ángel Clemente Rojas, al diario *La Nación*, agosto 2020.

"Entré con el pie derecho en Boca y, fijate lo que es la vida, que después volví tres veces más, debo ser un caso único con cuatro etapas en Boca. Soy un agradecido de la vida a Boca. Tuve la suerte de que un estadio entero coreara mi nombre. Eso es inolvidable y hoy me siento totalmente identificado con la camiseta 10 de Boca", Carlos Daniel Tapia, septiembre 2018, revista *Country Magazine*.

"Como 10 de Boca encontré la madurez, enterré mis dudas. Si ahora corro o marco más que antes es porque comprendí que eso es el fútbol actual. Que no era solo un habilidoso sin nada en la cabeza. Así me lo exigía Lorenzo, pero por sobre todo la camiseta que llevaba puesta", Mario Nicasio Zanabria a *El Gráfico*, diciembre de 1977.

CAPÍTULO 1

ENERO

- **1 de enero de 1932: Roberto Cherro convirtió dos de los cuatro goles ante Talleres de RDE**

Los dobletes de Roberto Cherro y Pancho Varallo aseguran los puntos necesarios para el primer puesto. El arranque de la era profesional fue una continuidad de la supremacía boquense del final de la época *amateur*. El equipo de aquella tarde en Brandsen y del Crucero fue: Fossati; Dedovich y Mutis; Evaristo, Silenzi y Arico Suárez; Nardini, Tarasconi, Varallo, Cherro y Alberino, dirigidos técnicamente por Mario Fortunato.

- **2 de enero de 1982: Diego Maradona no se presenta con el resto del plantel a los entrenamientos con vistas a la gira por Centroamérica y Oriente**

Su ausencia en la vuelta a los entrenamientos de Boca, esta vez bajo la dirección técnica de Vladislao Cap, había generado ruido en los medios y él se defendió en una nota publicada por *El Gráfico*: "Yo no tuve suficientes vacaciones. El último día que estuvimos todos juntos con Silvio Marzolini quedamos en encontrarnos en la escalerilla del avión para empe-

zar la gira. No tengo la culpa que después la dirigencia haya cambiado el técnico", comentó enojado. Además, confirmó que realizaría todo el viaje junto a sus padres, dos hermanos, Claudia, su cameraman y fotógrafo personal.

• 3 de enero de 1944: del 0-2 al 3-2 en un amistoso ante Universitario en Lima con intervención importante de Piraña Sarlanga

Boca fue sorprendido por dos goles sucesivos de los cremas por intermedio del improvisado goleador Fernández. De la mano de Gandulla y Sarlanga, el equipo recuperó fuerzas y descontó antes del final de primer tiempo, por intermedio de Mariano Sánchez. Sin el Nano sustituido en el entretiempo, Piraña se cargó a sus compañeros en la mochila y estos respondieron con dos goles de Boyé y Valasecchi sobre el final del partido para dejar mudo al estadio Nacional de Lima.

• 4 de enero de 1964: gol de Ángel Clemente Rojas para la igualdad amistosa ante el Hamburgo en Alemania

El cuadro del norte de Alemania aparecía como el rival más complicado para Boca en su gira europea, pese a la baja de su estrella Uwe Seeler. El campo de juego helado, con escarcha, dificultó aún más las cosas. Sobre los 35 minutos, una recuperación rápida en defensa dejó a Rojitas de cara al gol y no perdonó. Un rato más tarde, otra jugada suya a puro amague destartaló la defensa germana, pero definió mal de cara al arquero. La entereza moral del equipo fue lo más elogiado por propios y extraños.

• 5 de enero de 2013: Juan Román Riquelme visitó Casa Amarilla en el regreso de Carlos Bianchi, pero ratificó su idea de no formar parte del plantel

"No puedo cambiar la decisión que tomé, a Boca no vuelvo", sentenció con firmeza el jugador más influyente de la historia *xeneize* en la puerta del complejo Pedro Pompillo. "He hecho lo que tenía que hacer, venir a comunicarles al técnico y al presidente lo mismo que les dije cuando estuvimos en la casa de Carlos (Bianchi)", explicó Román sobre la imposibilidad de volver atrás con sus dichos. "Tengo palabra, no puedo cambiar. A los hinchas de Boca los quiero", cerró su breve e improvisada conferencia que mancilló el clima festivo por el regreso de Carlos Bianchi al club tras ocho años.

• 6 de enero de 1982: Diego Maradona convirtió dos goles ante el seleccionado de El Salvador en Los Ángeles

Primera escala de la gira en el Memorial Colliseum ante la típica indiferencia norteamericana de entonces al *soccer* (23 mil entradas vendidas sobre una capacidad de 105 mil), pese a que la revista *People* había señalado a Diego Maradona como un personaje destacado de 1981. Enfrente un seleccionado que sería rival de la Argentina en el Mundial de España. La historia se desató a los 32 del primer tiempo, cuando una mala salida de la defensa contraria dejó al Mono Perotti con pelota dominada para servir un centro a los pies de Diego, quien definió con clase. A falta de 11 minutos para el cierre, otra vez Perotti habilitó al 10 que fue enganchado en el aire por un defensor salvadoreño en el borde del área chica. Penal que cambió por gol para sentenciar el resultado.

• 7 de enero de 2002: Alberto Márcico regresó al club como ayudante de campo de Óscar Washington Tabárez en su segundo ciclo como entrenador del club

"Conversé con el Maestro (por Tabárez) y nos pusimos de acuerdo enseguida. El 11 de enero me sumo a la pretemporada que empieza en Tandil", comentó Márcico, quien de esta forma se convirtió en ayudante de campo del oriental durante el año de contrato que el cuerpo técnico arregló con la dirigencia *xeneize*. La confirmación se concretó en una nota que se le realizó en el "Show de Boca" de Radio Mitre, donde el popular exjugador aprovechó para destacar la capacidad de trabajo del nuevo técnico de Boca. "Márcico fue una posibilidad concreta dentro de una terna que me ofreció el club. Todo se arregló de una decisión de común acuerdo", remarcó, por su parte, el técnico.

• 8 de enero de 1993: El Beto Márcico es el más buscado por los hinchas en la pretemporada realizada en Mar del Plata; tanto en el Hotel Iruña como en el club Universitario donde, previo pago de 5 pesos se podía acceder a las tribunas a observar las prácticas

La grey bostera caminó aquel verano por las playas con el pecho bien inflado por haber cortado la racha de 11 años sin títulos locales. Y en ese marco de locura colectiva, el plantel del Maestro Tabárez se instaló en el céntrico Hotel Iruña para realizar la pretemporada mezclada con los partidos del tradicional torneo de verano marplatense, algo típico de aquellos años. Más de 200 hinchas por día abonaban los cinco pesos que el club local Universitario cobraba para ver de cerca a los ídolos. El más requerido fue el Beto, quien aún arrastraba los problemas físicos de la etapa final del Apertura 92: "Me siento bien, trabajando a la par del grupo. Sigo trabajando con fisioterapia y siento pocos dolores. De todos modos, necesito tener más contacto con la pelota para adquirir ritmo".

• 9 de enero de 2021: decisiva actuación de Edwin Cardona para lograr la clasificación a la final de la Copa Maradona

Infartante definición del Grupo A de la fase campeonato de la Copa LPF denominada "Diego Maradona", tras la desaparición física del 10. River parecía contar con mayores ventajas de clasificar a la final porque enfrentaba a Independiente eliminado, mientras que Argentinos y Boca (un punto arriba de su eterno rival y de los bichos colorados) definían su suerte en La Paternal. Tras un gol tempranero de Diego Sosa para los locales, Boca comenzó a manejar el partido gracias a una estupenda actuación de Edwin Cardona, recostado sobre la izquierda y en permanente diálogo futbolístico con Mauro Zárate y Ramón Abila, alternando lujos, pases gol y buena pegada. Así se dio vuelta el partido y cuando desde Banfield se confirmó la derrota del equipo de Gallardo, quedó en un mano a mano entre los equipos presentes en el, vaya casualidad, Diego Maradona. Boca sostuvo el empate y logró la clasificación a la final de la semana siguiente.

• 10 de enero de 1982: Diego Maradona encabezó el primer partido boquense en Asia

La fama del 10 ya había penetrado al mundo entero. El grito "Maladona" del excitado público local para darle la bienvenida, las 28 500 entradas agotadas 48 horas antes del partido ante Seiko, el embrujo de los espectadores festejando como goles cada lujo maradoniado, resultaban pruebas elocuentes de su carisma. El Seiko de Hong Kong solo presentó dos lugareños en la formación inicial, reforzada por holandeses y un destacado como Gerd Muller, goleador del Mundial 1974. Fue triunfo por 2-0, con apariciones lujosas del protagonista central del partido, que incluyeron pases gol a sus compañeros y mucha fricción con algunos rivales que abusaron del juego brusco para detenerlo.

• 11 de enero de 2004: gol de César La Paglia en el amistoso 3-1 sobre Independiente en Salta, primer partido del flamante campeón Intercontinental

Luego de un buen año en Talleres de Córdoba (gol a Boca incluido), César La Paglia se reintegró al plantel campeón del mundo y fue titular en el primer partido de aquel año ante Independiente en Salta. Formó un tándem creativo junto a Miguel Cáneo y participó activamente en la victoria 3-1 con un gol de penal sobre el final del primer tiempo. Unos días después selló su salida al Tenerife de España y nunca más regresó al club.

• 12 de enero de 1982: gol y asistencia de Diego Maradona para la victoria 2-1 ante Selangor en Kuala Lumpur

El estadio Merdeka festejó ni bien comenzado el partido por culpa de un descuido defensivo de Boca que puso en ventaja al combinado local, reforzado con cuatro de los mejores futbolistas de la zona. El equipo de Cap transitaba zona de tinieblas hasta que la zurda de Diego sacudió el travesaño y tras cartón, dejó solo a Cacho Córdoba para que rompiera el arco

con un zurdazo implacable. Promediando el segundo tiempo, Mario Zanabria habilitó al 10, quien engañó al arquero con un amague y definió con el arco libre. Triunfo trabajoso aunque con el resultado favorable se dispusieron de numerosas situaciones claras de gol para ampliar la diferencia.

• 13 de enero de 1973: gol de Osvaldo Potente en un entretenido amistoso ante el Combinado de Mar del Plata

El estadio General San Martín observaba azorado la superioridad neta del seleccionado local sobre un Boca que no reaccionaba y se encontraba dos goles abajo en 33 minutos. Instantes después, un tiro libre de Mané Ponce enfrió la avalancha marplatense y el control pasó a mano del equipo de Rogelio Domínguez: "Hubo 15 minutos que fuimos una máquina", describió el DT y se refería a esos tres goles convertidos en diez minutos. El primero de ellos, una media vuelta de Patota Potente, aprovechando los constantes desbordes por las puntas. Fue triunfo 4-3.

• 14 de enero de 1987: primer gol de Carlos Tapia en el ciclo Menotti para derrotar 3-2 al Koln de Alemania

Pese a la muy buena actuación en el 3-2 sobre Independiente cuando debutó César Luis Menotti y el gol convertido ante Colonia de Alemania para el triunfo por el mismo marcador, ambos por el torneo de verano de Mar del Plata, el entrenador recién llegado al club prefirió la cautela para referirse al rendimiento del Chino: "Tapia no es aún el jugador que yo espero, pero va mejorando. Quería verlo 90 minutos continuados porque esa es la exigencia para un gran jugador como él".

• 15 de enero de 1996: entrenamiento de Diego Maradona en La Candela, donde logró que Carlos Bilardo y César Luis Menotti, cada uno por su lado, convencieran a Claudio Caniggia para continuar en el club

A pesar de las irreconciliables diferencias futbolísticas que los separan, el destino puso a Menotti, en su función de gerente deportivo del Multimedios América, como gestor de un beneficio para Carlos Bilardo como entrenador de Boca, que intentaba convencer a Caniggia de quedarse seis meses más en el club. Más allá del objetivo en común, el peso de Diego Maradona para la decisión final del Hijo del Viento fue nuevamente el más gravitante. "Quiero que te quedes acá que vamos a salir campeones", y lo recibió con honores aquel lunes de calor en el predio histórico de San Justo. El semestre de Caniggia tuvo su techo de actuación en el recordado 4-1 sobre River en La Bombonera, con una tripleta suya y el recordado "piquito" del 10 para celebrar cada gol.

• 16 de enero de 2002: golazo de Juan Román Riquelme para liquidar el amistoso de verano ante Gimnasia (La Plata)

Era el regreso del Maestro Tabárez al banco de Boca luego del inolvidable paso a principios de los 90, pero también el primer partido luego del primer ciclo de Carlos Bianchi. El estadio mundialista de Mar del Plata asisitió feliz a una buena demostración ofensiva del equipo que tuvo su punto caramelo con un golazo de Román entrando por derecha, dentro del área, fusilando la resistencia de Enzo Noce. Ganó Boca 3-2.

• 17 de enero de 2021: golazo de Edwin Cardona en la final de la copa Maradona ante Banfield

Tras la triste eliminación de la Copa Libertadores ante el Santos, sin minutos del colombiano en cancha, quedaba el desafío de la final de la Copa Maradona ante Banfield, a jugarse en el estadio del Bicentenario de San Juan. Edwin Cardona fue nuevamente la usina creativa del equipo que logró maniatar a Banfield que había realizado un estupendo certamen. Sobre los 17 del segundo tiempo encontró el espacio y sacó un escopetazo implacable con gran dirección que se clavó contra el arco de Arboleda. Tres minutos más tarde, una molestia muscular lo quitó del campo, pero igualmente pudo gritar campeón por segunda vez desde su llegada al club.

• 18 de enero de 1976: Alberto J Armando separó del plantel a Osvaldo Potente

El arranque de la pretemporada encabezada por el Toto Lorenzo tuvo momentos de tensión. Figuras como Osvaldo Potente y Carlos María García Cambón no continuarían en el plantel y generó un punto de conflicto en el campamento *xeneize* en Necochea. "Nicolau, García Cambón y Potente no juegan más en Boca. Les ofrecimos el triple de lo que ganaban y se declararon en rebeldía", le manifestó de forma inapelable Alberto J. Armando a Lorenzo, quien prefirió no entrometerse ante la decisión presidencial. Unos días después, Patota fue vendido a Rosario Central. "Hace tiempo que los jugadores de Boca no son los que más ganan. Y eso nunca lo entendí porque es el club que más recauda. ¿Dónde va esa plata? El jugador profesional, que es el que da el espectáculo, recibe poco de eso", se descargó Potente mientras comenzaba sus trabajos junto a sus nuevos compañeros.

• 19 de enero de 2008: primer partido de Juan Román Riquelme, luego de siete meses, ante San Lorenzo en Mar del Plata

El estreno del regreso definitivo de Román fue en el marco del torneo de verano de Mar del Plata. Con la 10 sobre la camiseta dorada, intentó manejar los hilos del equipo luego de una larga inactividad, aunque se advirtió la falta de socios para desarrollar su fútbol. En el minuto 23 del segundo tiempo fue reemplazado por Leandro Gracián.

• 20 de enero de 1993: gol de Alberto Márcico en Mar del Plata ante Independiente que se retiró del campo

Clima enrarecido, nada amistoso para el partido entre Boca e Independiente por el torneo de verano. Sobre los 26 minutos, Alberto Acosta presionó sobre la salida de Hermes Desio, robó la pelota, la tocó hacia Tapia quien le sirvió el pase al Beto para que definiera con mucha calidad por encima de Islas. Los jugadores rojos protestaron falta del 9 *xeneize* en el inicio de la jugada y la tensión fue en aumento. Mientras tanto, Javier Castrilli continuaba su *show* de amonestaciones que no contribuía precisamente a pacificar la cosa. Hasta que en el minuto 83, Moas y Craviotto embistieron a Acosta dentro del área. Penal que sin dudar marcó el *sheriff*. Y allí se desató la hecatombe, con empujones, gritos, amenazas y una orden desde el banco de los Diablos Rojos por parte del DT, Pedro Marchetta, y un grupo de dirigentes: "Nos retiramos, esto es un robo". Insólito fin para un partido que no tuvo nada de amistoso. El Beto Márcico intentó calmar a sus colegas, en especial a Luis Islas, que fue expulsado por protestar la jugada.

• 21 de enero de 2001: notable pase gol de Juan Román Riquelme a Barijho para el 1-0 ante River en Mar del Plata

Primer Superclásico del año y también tras la gesta ante Real Madrid. El Boca multicampeón hizo su juego ante un River desesperado por demostrar frente a sus hinchas. Sobre el primer cuarto de hora del segundo tiempo, Riquelme recibió la pelota y decidió empalarla para el pique solitario del Chipi Barijho quien burló el *off side* para definir con potencia ante Constanzo. Minutos más tardes, incidentes provocados por la hinchada rival hicieron suspender el partido, pero en lo futbolístico quedó en todas las mentes esa repentización de Román para el gol del triunfo.

• 22 de enero de 1992: gol de tiro libre de Antonio Apud a River

Roberto Cabañas había abierto el marcador unos minutos antes con un soberbio golazo desde afuera del área. Tiro libre sobre la medialuna para un zurdo, el turco Apud se tuvo fe y sacó un derechazo potente que picó en las narices de Comizzo y se metió para detonar el segundo grito *xeneize* de la noche marplatense. El tucumano, enganche clásico con panorama, pegada y buen pase al vacío, tuvo un paso con claroscuros, adquirió protagonismo con el Maestro Tabárez, pero una pubalgia lo persiguió durante toda su estadía en el club, conspirando contra su continuidad. Luego de su paso por Boca, recaló en México donde es un referente histórico del Santos Laguna.

• 23 de enero de 2002: golazo de Juan Román Riquelme a River en Mendoza

El estadio "Malvinas Argentinas" repleto fue el mejor marco para una obra maestra de Román: Recibió el toque profundo del Chelo Delgado, la dominó, hizo pasar de largo a Garcé y definió de zurda, todo en un movimiento simple, repleto de calidad que salió a la perfección. A los cinco minutos, Boca pasaba a ganarle a River el primer partido del verano y el grito bien romanesco con el Topo Gigio característico quedó de cara a la multitud *xeneize* de la popular del tablero electrónico.

• 24 de enero de 1982: gran gol de Diego Maradona para vencer 1-0 a la Selección de Japón

Marcelo Trobbiani robó una pelota en el mediocampo y buscó a Diego, quien la alargó para Gareca tirado a la izquierda. El Tigre la rebotó para el 10, que se sacó una marca de encima, apuntó al arco y sacó un zurdazo cruzado a media altura. Golazo. Admirado por los 37 mil japoneses que fueron a verlo ese mediodía al Olímpico de Tokio que poco les importó que ese gol era contra su selección. Festejado por sus compañeros porque sirvió para ganar el partido. En cuatro días, la magia maradoniana había sometido con tres goles a los combinados nipones con dos anotaciones en el 3-2 jugado en Kobe y este sablazo de samurai para firmar el triunfo.

• 25 de enero de 2001: golazo de Juan Román Riquelme a River en Córdoba

Superclásico de verano esta vez a jugarse en Córdoba. Carlos Bianchi metió un *mix* para afrontarlo, pero con la presencia estelar de Román que marcaría la diferencia de su juego en los 66 minutos que regó de fútbol el césped del Chateau Carreras hasta ser reemplazado por Omar Pérez. A los 27 del primer tiempo, Marchant levantó el centro recto que Pandolfi logró peinar y el 10, casi pasado en la carrera, estiró su pierna derecha para engancharla y dejar sin reacción a Darío Sala. Golazo que fue a celebrar con el Virrey, seguramente para recordarle su promesa que si marcaba un tanto en ese partido le daría libre al día siguiente.

• 26 de enero de 1991: dos goles de Carlos Daniel Tapia para vencer a River 2-1 en Mar del Plata

Mucha ansiedad boquense en el primer superclásico de aquel verano. La idea de revertir la imagen pobre con la que se había cerrado el año anterior tenía examen obligatorio frente a River. Gabriel Batistuta y Diego Latorre ya empezaban a llamar la atención como un tándem productivo, pero la noche fue de Carlos Daniel Tapia. Antes del primer cuarto de hora, un ataque voraz terminó en un buscapié de Bati que el Chino empujó de zurda en la boca del arco. A pocos minutos del final, Gambetita ganó una pelota dentro del área, tiró el centro atrás y el 10 abrió su pie izquierdo y la colocó lejos del alcance de Passet. Triunfo muy festejado que dio inicio a una racha que se extendió a lo largo de toda la década. "Si seguimos trabajando con esta humildad estamos para pelear el título", sentenció el goleador de la noche en vestuarios.

• 26 de enero de 1994: primer gol de Alberto Márcico a River

Tremenda fiesta en el Malvinas Argentinas dado que, por primera vez en 25 años, los tradicionales torneos de verano se mudaron de Mar del Plata. La capital de Mendoza explotó de expectativas en el primer Superclásico y ambos equipos jugaron a cara de perro, como si fuese por los puntos. El Beto Márcico fue la figura excluyente de la noche por juego y personalidad, a lo que además agregó un gol con su sello: salida rápida de Navarro Montoya, la recibió y abrió para Martínez. El Manteca dejó en el camino a Astrada y se la cambió de frente largo para la corrida solitaria del 10, quien se acomodó y sacó un tiro cruzado perfecto que se fue a festejar contra la masa boquense. Fue triunfo 2-1.

• 27 de enero de 1982: última escala de la maratónica gira que se cerró con victoria 1-0 sobre Comunicaciones de Guatemala

El primer mes del año estuvo plagado de experiencias y de aeropuertos para Diego Maradona. La escala de la extensa gira ponía el sello de la capital guatemalteca en su pasaporte, tan solo un día después de llenar el Azteca para derrotar al América con un gol suyo. "Fuimos a Guatemala sin dormir, hasta las valijas estaban fastidiosas, varios jugadores ya estaban lesionados", sintetizaba el DT, Vladislao Cap, en el vuelo de regreso a la Argentina. Fue triunfo 1-0 con otro gol del 10, que recibió de Gareca, vio el hueco y sacó un puntinazo de zurda que se metió junto al palo.

• 28 de enero de 1989: gol de Carlos Daniel Tapia para asegurar la victoria ante Deportivo Armenio

Recuperó Hrabina en defensa, alargó para la velocidad de Comas, quien prefirió tocar de primera para la corrida de Tapia y así desató un contraataque letal cuando el Chino avanzó sobre el área en soledad y remató con fiereza frente a la salida del guardameta local, Jorge Sarmiento. Boca pasó a ganar 2-0 y se afirmó en la punta del certamen justo en la semana previa a enfrentar a River.

• 29 de enero de 1981: diario Crónica publicó que Diego Maradona podría jugar en Boca

En la tranquilidad de Esquina, Corrientes, mientras pescaba junto a don Chitoro, Diego Maradona respondió la consulta del periodista Francisco Franconieri del vespertino *Crónica*: "No voy a River, me llamaron de Boca". De inmediato, la tapa de aquella tarde inundó el voceo de los canillitas en el regreso del día laboral. "El pase lo inventé yo", repitió Diego en su autobiografía *Yo Soy El Diego de la gente*, ratificando que desde La Bombonera nunca existió ese llamado por asuntos meramente económicos. Según un resumen publicado por *Página 12*, el dueño del grupo *Crónica*, Héctor Ricardo García, amagó con encargarse del monto del pase y cederlo al club. Se habló sobre una competencia con el otro diario de la tarde, *La Razón*, manejado por hinchas de River, que salió decidido a boicotear la operación. Finalmente, los dirigentes de Boca, encabezados por Carlos Bello, comenzaron a buscar préstamos bancarios para solventar la operación que representaría el escalón de resonancia más grande donde Diego diera el salto a su carrera internacional.

• 30 de enero de 1982: maravillosa jugada de Diego Maradona ante Racing en Mar del Plata

Por el camino quedaron Berta, Pérez, Leloyer, Van Tyune y el arquero Vivalda, además de todos los golpes y frenos inútiles para detener una corrida que nació en la mitad de la cancha y tenía destino de gol: "No me animé a darle de derecha", se excusó el Pelusa, quien finalizó su gran jugada con un toque imperfecto de zurda que logró salvar el defensor académico, Enrique Veloso. El estadio Minella quedó boquiabierto ante tremendo *slalom* y la parte boquense estalló en un "Dale, Boca" atronador como si fuese una final de campeonato. Más allá del 4-1 final, todo fue provocado por la magia de su número 10.

• 31 de enero de 2010: golazo desde afuera del área de Juan Román Riquelme ante Argentinos Juniors

El comienzo del Clausura para Boca fue entre nubarrones por las repentinas salidas de Alfio Basile como DT y Carlos Bianchi como mánager. Con Abel Alves, improvisado timonel, salió a la cancha de Argentinos donde, dentro de un partido parejo, había encontrado la ventaja a pocos minutos del final cuando Román recibió tirado a la izquierda, vio el callejón para sacar su derechazo recto, potente, inatajable para Nicolás Peric. Como siempre, ante el cuadro de La Paternal, tuvo un festejo silencioso. En el minuto final, una distracción defensiva echó a la basura dos puntos importantes.

CAPÍTULO 2

FEBRERO

- **1 de febrero de 1944: último partido de Bernardo Gandulla en el amistoso ante Colo-Colo en Santiago**

En el marco de un partido amistoso disputado en el estadio Nacional de Santiago de Chile, Bernardo Gandulla dio por finalizada su campaña en Boca, donde se destacó la figura del arquero, Claudio Vacca, al detener un penal al delantero peruano César Socarraz. Tras alejarse del club, tuvo pasos por Atlanta y Ferro (el equipo donde debutó). Gandulla se transformó en símbolo de la formación de juveniles en el club.

- **2 de febrero de 2013: la noche donde cambió la idea del retiro de Juan Román Riquelme**

Había arrancado muy bien la noche cordobesa que albergaba el tercer Superclásico de verano. Boca apretaba arriba con la voracidad impuesta por Somoza, Ledesma y Erviti, por eso no sorprendió el rápido gol de Walter, luego de una combinación con el tanque Silva. Sin embargo, esa imagen se fue desdibujando hasta que el eterno rival logró dar vuelta el resultado y el funcionamiento tan flojo del equipo hizo eclosión en un televidente que desde Don Torcuato comentó a sus laderos: "Tengo que ayudar a Carlos, esto no puede seguir así". Juan Román Riquelme se convenció esa noche de que podía aportar cosas y cambió su decisión de permanecer fuera del plantel.

• 3 de febrero de 1982: Diego Maradona jugó los 90 minutos en la victoria ante Independiente y regaló otras jugadas para los videos

Otro partido de verano plagado de genialidades por parte de Diego. Boca se puso en ventaja a los 26 minutos del primer tiempo, gracias a una elástica palomita de Roberto Passucci. El 10 sacó de su galera muchos trucos de magia, en especial un remate inesperado desde 50 metros que rozó uno de los palos: "El único tipo que se dio cuenta de que iba a patear al arco fue él", comentó el delantero rojo Gabriel Calderón. "Sensacional, pibe, sensacional", le susurró al oído el arquero Carlos Goyén. Por su parte, Maradona expresó: "Había visto una jugada en videocasete de Pelé ante Checoslovaquia en el '70. Estas jugadas salen porque salen. Del video me acordé después, je".

• 4 de febrero de 2013: Juan Román Riquelme tomó la decisión de retornar al plantel de Carlos Bianchi

"Quiero que suframos juntos", le dijo Román al entrenador. "Con 34 años, es una pena que no esté jugando al fútbol. Creo que eso es lo que se debe estar planteando. Si hubiera venido con nosotros a la pretemporada, estaría mejor de lo que está hoy", aseguró Bianchi, en conferencia de prensa. "Es verdad que me llamó hace unos días y hablé tres o cuatro minutos. Me preguntó si lo necesitábamos y dijo que se ofrecía a venir al club", confesó el DT. Por su parte, el presidente Angelici se refirió a la parte contractual: "El jugador retomará los entrenamientos en una semana y volverá a las canchas en marzo, cuando empezará a percibir los haberes, ya que durante la pretemporada que hará en febrero no cobrará". Después de muchas idas y vueltas, Román y el Virrey volvían a unir sus caminos en Boca.

- **5 de febrero de 1995: cuestionario 100 por 100 de *El Gráfico* a Alberto Márcico**

En la sección semanal de cien preguntas a un protagonista elegido por la revista, el Beto contestó interrogantes sobre todos los aspectos de la vida, pero fue muy enfático cuando el tema era Boca: "Me arrepiento de no haber venido a Boca mucho antes". "Perdí mucha plata jugando en Boca, pero valió la pena". "Mis ídolos futbolísticos fueron Rojitas, Saccardi y Maradona".

- **6 de febrero de 1941: primero de los dos dobletes de Bernardo Gandulla en una semana de amistosos ante River**

El viejo gasómetro fue la sede de un Superclásico amistoso donde Gandulla marcó la diferencia en las redes con el gol que abrió el partido a los nueve minutos y luego convirtiendo la igualdad ni bien comenzada la segunda parte. Una semana después repitió el doblete, esta vez en el 2-2 registrado en la cancha de Chacarita Juniors.

- **6 de febrero de 1982: último partido del primer ciclo de Diego Maradona en el club**

La solicitud presentada en AFA por César Luis Menotti era inapelable: todos los jugadores del fútbol local citados con vistas al Mundial de España no podían actuar en sus clubes. Por eso aquel sábado en el Mundialista de Mar del Plata, fue la última función de Diego con la azul y oro. Alfredo Di Stéfano le puso un cerrojo a sus gambetas y Boca terminó cayendo por 1-0. Algunos hinchas estaban ilusionados con que el 10 jugase la Copa Libertadores luego de la Copa del Mundo, pero fue imposible por calendario y por motivos económicos. Se pausaba el Diego jugador, pero nacía el Embajador boquense por excelencia a lo largo y ancho del planeta.

- **7 de febrero de 1981: con River bajado de la negociación, comenzaba a tener forma el pase de Maradona a Boca**

"Maradona tiene la última palabra" titulaba casi en tono catástrofe la nota de *El Gráfico* sobre el tema. Desde la revista

se emitía un indisimulable deseo de que el astro permanecie-
ra en el país. "Algunos socios se comprometieron a realizar
aportes en dólares. Será cuestión de comprobar si es verdad
cuando llegue el momento de gatillar (sic)", casi que implora-
ba Domingo Corigliano, dirigente *xeneize*. "Yo le pido a este
gallego (por José María Minguella enviado del Barcelona) que
se estire un poco más", pedía Próspero Consoli, titular de Argentinos con clara tendencia a no vender al 10 en el mercado interno. "Estamos cerca del convenio definitivo, pero aún
no podemos cantar victoria", reconocía Minguella, en nombre de los blaugranas, desde su búnker en el Hotel Bauen.
Por último, Maradona instalado en Mar del Plata, a la espera
de un amistoso frente a River, era concreto y escueto: "Ya lo
dije hace mucho y lo repito: por la misma plata me quedo en
el país", al tiempo que su representante, Jorge Cyterszpiler,
agendaba reuniones para lunes y martes en la oficina de Maradona Producciones, ubicada en el centro de Buenos Aires.

• 8 de febrero de 2007: se confirmó el préstamo por seis meses de Juan Román Riquelme

Más allá de los números elevados para un mercado como el
argentino, se olfateaba que la llegada de Juan Román Riquelme a préstamo desde Villarreal iba a potenciar notablemente
al equipo de Miguel Russo, que no dudó en insistir sobre la
posibilidad de repatriarlo, mucho más después de haber pro-
bado en la función de enganche hasta al mismísimo Guillermo
Barros Schelotto. Una vez concretado, Mauricio Macri lo calificó de "hazaña", Pedro Pompilio aseguró que la ingeniería
financiera estaba lista para afrontar los seis millones de pesos
argentinos que costó la operación, Fernando Roig —desde Villarreal— reclamaba que al club le convenía "prestarlo a un
equipo de Qatar" y Román fue presentado en conferencia,
donde Macri le obsequió un mini Topo Gigio para alivianar
tensiones de otros tiempos.

• 9 de febrero de 1969: único partido jugado por Ángel Clemente Rojas en la Copa Argentina obtenida ese año

El debut del equipo había sido tres días antes en un traba-
jado triunfo ante Atlético Tucumán por 3-2 en condición de

visitante. Rojitas no había ingresado desde el banco de suplentes. En el 0-0 también jugado en el mismo estadio como "partido de vuelta", no logró contradecir el diagnóstico de Alfredo Di Stefano antes del inicio de la temporada: "Está pasando un momento malo, no tiene inspiración, hasta parece que le está quemando la pelota. Ya le dije que no necesito jugadores para la tribuna, sino para el equipo", fue la tajante reflexión del nuevo entrenador.

• 10 de febrero de 1974: gol de Osvaldo Potente para derrotar a Estudiantes 2-0 por la fecha 2 del Metro

El contundente 5-2 sobre River de la semana anterior había encendido las alarmas en los rivales de Boca. Estudiantes, por caso, salió a plantear un cerrojo a puro golpe y fricción. Tal fue la violencia que Iturralde debió parar el partido para pedir "calma". Rogelio Domínguez decidió quitar a Trobbiani para hacer retroceder a Potente que estaba siendo absorbido por la férrea marca de Pachamé y mandar a Letanú bien abierto. El partido se desordenó totalmente tras quedar Boca con 10 y el rival con 9. Hasta que a los 24 del complemento, el tano Pernía desbordó por derecha y puso el centro para que Patota de cabeza, aprovechando una salida en falso de Pezzano, hiciera estallar a La Bombonera y resolver un partido muy complicado.

• 11 de febrero de 1981: Argentinos Juniors y Boca anunciaron el acuerdo por el pase de Diego Maradona. Mario Zanabria formaba parte de la nómina de jugadores cedidos

Las reuniones del pase del siglo fueron largas, repletas de idas y vueltas. Primero el valor final: Argentinos pidió diez millones u ocho millones si se concretaba luego del Mundial 82, seis millones al contado y la cancelación de deudas bancarias. Boca, además del dinero, ofreció una lista de jugadores que formarían parte de la operación, desestimando algunos solicitados por el club de La Paternal, como Hugo Perotti. Sobre la medianoche, los diálogos se volcaron a papel para ser debatidos en las oficinas de Cyterszpiler en los días subsiguientes: se respetaba el pago de seis millones de dólares al contado, un partido amistoso de presentación (500 mil dólares), deudas varias de Argentinos, la cesión de los siguientes jugadores *xeneizes*: Santos, Salinas, Randazzo y Rotondi (definitivas) más Zanabria y Bordón a préstamo. Durante el año, Boca debía pagar 1 100 000 dólares más. Todo estaba cerrado entre clubes, pero faltaba el arreglo con Diego.

• 12 de febrero de 1989: golazo de Carlos Daniel Tapia para cerrar la victoria ante Vélez 2-0

La tarde de Liniers tuvo un protagonista excluyente: el termómetro. Los 35 grados al sol, luego mezclados con chaparrones repentinos, condimentaron un partido fundamental para las aspiraciones de campeón. El gol de Alfredo Graciani había desatado un trámite pegajoso cuando Boca dominaba, pero no encontraba los caminos para facturarlo. El golazo de Tapia llegó para ponerle firma y sello a tres puntos de oro: recibió cruzando la raya central un pase de Ángel Hoyos, encaró directo al arco rival, eludió a Jorge Bartero y definió con el arco libre. Festejo del Chino de cara a la 12 para cerrar una tarde de alegrías en el Amalfitani que lo sintió potenciado por el nacimiento de su hija Sofía en la semana anterior.

• 13 de febrero de 1997: "Este pibe la deja chiquita", nota de Matías Aldao para *El Gráfico* a Juan Román Riquelme, que había deslumbrado en el Sudamericano Sub 20 de La Serena, donde se rescata

— ¿Quiénes son tus referentes dentro de este plantel de Boca?

—Me llevo bien con todos, pero paso más tiempo con Giunta, Dollberg y Traverso. Blas es un fenómeno. Antes me daba vergüenza mirarlo a los ojos, ahora es un gran amigo. Siempre me dice que tengo que quedarme a practicar tiros libres con la barrera metálica y que, si quiero, él se pone de arquero...

— ¿Y tu ídolo?

—Maradona, por todo lo que le dio a nuestro país. Me entrené dos veces con él y no se puede entender, juega con los cordones desatados y nunca se tropieza, i¿cómo hace?! Bueno, por algo es Maradona, ¿no? El jugador que más me sorprende es La Brujita Verón, un maestro con un estilo tremendo. Tiene fuerza, pegada, todo. Algún día me gustaría jugar con él...

• 14 de febrero de 1965: doblete de Norberto Menéndez para derrotar a The Strongest en La Paz por Copa Libertadores

"La vieja fibra de un equipo de hombres", tituló el gran Osvaldo Ardizzone en *El Gráfico* por la hazaña conseguida en el Hernando Siles. ¿Por qué hazaña? A los 50 minutos, el Tigre vencía sin atenuantes por dos goles a un Boca diezmado desde la expulsión de Gonzalito por juego brusco. Pero Menéndez se fue transformando en el eje del equipo, todo el fútbol *xeneize* pasó por sus pies y el partido ya tenía otro matiz, mucho más después que un penal suyo estableciera el descuento. El estadio, ya en silencio, observaba la exhibición azul y oro. Alcides Silveyra anotó el empate luego de una excelente jugada colectiva y generó el tercero que convirtió también Menéndez.

• 15 de febrero de 1987: gol decisivo de Carlos Daniel Tapia en la victoria 3-1 sobre Talleres en Córdoba

"Tapia es la llave de Boca", así tituló José Luis Barrio en *El Gráfico*, al cuarto triunfo consecutivo de Boca bajo la tutela de César Luis Menotti. Su doblete para remontar un difícil comienzo ante Talleres en un ardiente y repleto Chateau Carreras lo puso como el MVP de una victoria que reconfirmaba su nivel en alza de los últimos partidos: su perseverancia para generar fútbol, abastecer a los de arriba y, esta vez, sumada la cuota goleadora decisiva. El primero, una jugada de calidad pura entre Tuta Torres, Melgar y el pase abierto para que defininiera frente a Comizzo. Participación decisiva en el segundo convertido por Graciani, donde robó la pelota en la medialuna y sacó un derechazo que dio en el poste y le quedó servida a Alfredo. Y el tercero, cuando verticalizó una contra y dejó el gol en los pies de Luis Abdeneve para sentenciar el resultado.

• 16 de febrero de 2003: Ezequiel González arrancó como enganche titular en el segundo ciclo de Carlos Bianchi

El rosarino llegó al club luego de la partida de Juan Román Riquelme al Barcelona con buenos antecedentes que justificaban la inmediata titularidad como generador de juego. Sin embargo, lesiones —por lo general musculares— más la confirmación de Carlos Tévez en esa posición por parte del Maestro Tabárez, con la llegada de Carlos Bianchi, quien retrasó la titularidad de Carlitos tras su participación en el Sudamericano Sub 20 de Colonia, el Equi tuvo un verano prometedor con un gol a River en Mendoza, para abrir la cuenta ante Nueva Chicago e Independiente Medellín en los debuts del Apertura y Libertadores. Una lesión muscular grave lo marginó de los titulares, sumado al semestre estelar de Tévez que compartió el ataque con Guillermo Barros Schelotto y Marcelo Delgado.

• 17 de febrero de 1985: estreno oficial de Carlos Daniel Tapia en la derrota 0-1 ante Altos Hornos Zapla por el Nacional

Un equipo de calidad inferior, armado a retazos por Alfredo Di Stefano, debutó oficialmente en el estadio Emilio Fabrizzi de Palpalá ante Altos Hornos Zapla, con Tapia como estandarte del fútbol *xeneize*, armando juego y en diálogo permanente con Giachello y el otro debutante ilustre, Alfredo Graciani. Sin embargo, en la segunda parte, perdió el orden, se redujo a pelotazos sin sentido y los jujeños pasaron a ganar promediando la segunda parte, algo que fue irreversible para las limitaciones boquenses.

• 18 de febrero de 2007: tras casi cinco años, Juan Román Riquelme juega oficialmente en Boca

La Bombonera se vistió de fiesta con su mejor color. Muchas banderas escritas de puño y letra por la secta riquelmista decoraron el estadio colmado por una multitud deseosa de ver con la número 10 a uno de sus mayores exponentes históricos. El Topo Gigio, decisivo en tantas noches de gloria, pisaba el patio de su casa para afrontar un semestre donde había que enterrar rápidamente la imagen del tricampeonato truncado. Fue empate 1-1 ante un Central bien parado que logró bloquear la magia de Román.

• 19 de febrero de 1981: Diego Maradona anunció oficialmente que había arreglado su contrato con Boca

"Ahora sí puedo decir que soy jugador de Boca. Escuchaba que todos arreglaban menos Maradona". El periodista de Canal 13, Ramón Andino, recibía la primicia en labios de un Maradona con rulos desordenados, aferrado a su balón de oro, recibido en un salón del Hotel Hermitage de Mar del Plata. Para que pueda realizar ese anuncio, se sumaron casi 30 horas de reuniones en menos de una semana: "En la misma hora se nos prendían todas las luces: verde para avanzar, amarilla como aviso de complicaciones y roja que todo se caía", reflexionaba Domingo Corigliano, dirigente boquense. Aparecieron problemas para garantizar el contrato de Diego, al que se le sugiere una fuerte rebaja de lo solicitado, por eso las reuniones con varias financieras del microcentro de Buenos Aires, para negociar con Cacho Steinberg, dueño de los derechos televisivos de los amistosos de Boca, que exigía un partido antes del debut oficial, y la negativa de Carlos Randazzo de pasar a Argentinos. El 10, mientras tanto, no podía completar sus entrenamientos por una molestia muscular producto de la tensión, aunque tiró humor en medio de una potente tormenta veraniega: "Hasta el cielo llora porque me voy a Boca". Todo se fue tiqueando en cada reunión, inimaginable en las antípodas de la comunicación que existe hoy en día. Ese anuncio desde el Hermitage, pasada la una de la mañana, confirmaba al pueblo boquense que el pase del siglo estaba concretado.

• 19 de febrero de 1994: otro gol veraniego de Alberto Márcico a River

Segundo choque "amistoso" del verano entre Boca y River en Mendoza, ambos con aspiraciones a campeón del torneo Apertura 1993, que estaba finalizando por esas fechas. Por

aquellos años, la racha boquense crispaba los nervios de cada enfrentamiento. Así lo sufrió el rival con la tempranera expulsión de uno de sus emblemas, Leonardo Astrada. El equipo de Menotti se fue acomodando mejor a la circunstancia y pegó en el momento justo: tiro libre buscapié de Betito Carranza que Sergio Goycochea no puede retener y el Beto Márcico, parado frente al arco, la empujó a la red para otro festejo, otro goce y otro delirio ante la impotencia riverplatense.

• 20 de febrero de 1981: firma de contrato y presentación de Diego Maradona

Viernes de calor en la ciudad. Todas las miradas del país estaban en Brandsen 805. Durante la tarde se cumplió con la formalidad de la firma del contrato de Diego Maradona a préstamo entre el 20 de febrero de 1981 y el 30 de junio de 1982. Por la noche, un amistoso improvisado contra Argentinos Juniors en La Bombonera a dos días del inicio del Metro, televisado por Canal 13 de Buenos Aires. El 10 jugó un tiempo con cada camiseta, convirtió un gol de penal para Boca y toda la celebración quedó para 48 horas después por los puntos ante Talleres de Córdoba.

• 21 de febrero de 1993: golazo de tiro libre de Carlos Daniel Tapia en el 4-1 sobre Mandiyú

El estreno oficial del Boca campeón del Apertura 92 había comenzado con sabor amargo por el dominio del cuadro correntino y golazo de cabeza de su volante central José Luis Restelli. El equipo de Tabárez no encontraba los caminos hasta que sobre los 37 minutos del primer tiempo, un tiro libre en el vértice del área fue colocado maravillosamente por Carlos Tapia junto al palo. Ese empate revitalizó a todos y convirtió en goleada una tarde con dudas.

• 21 de febrero de 2001: golazo de Juan Román Riquelme ante Oriente Petrolero en el debut de la Libertadores

Estreno del vigente campeón de América y del Mundo en la Libertadores. Dos destellos de Román alcanzaron para derrotar al elenco de Santa Cruz de la Sierra. Sobre el cierre del primer tiempo la amasó, la llevó hacia la izquierda y le puso una pelota perfecta para la definición de Omar Pérez. Su obra personal la cerró a los diez minutos del complemento, cuando neutralizó con derecha una pifia defensiva y definió de zurda gracias a una volea inatajable para César Monasterio.

• 22 de febrero de 1970: doblete de Ángel Clemente Rojas en La Paz para derrotar 3-2 a Bolívar por Copa Libertadores

Luego de la resonante victoria ante River como visitante, la segunda parada copera picaba el boleto en La Paz. Un primer tiempo desfavorable, abajo en el marcador y al borde de la goleada. Superado ese vendaval, apareció Rojitas, pero esta vez no para asombrar con su fútbol distinto, sino para convertirse en el goleador de la tarde con dos remates potentes desde media distancia que dieron vuelta el resultado en cinco minutos.

• 22 de febrero de 1981: estreno oficial de Diego Maradona en La Bombonera

El sueño del pibe hecho realidad. También el de Don Chitoro y gran parte de la familia. La Bombonera rebalsaba de gente y calor. La molestia muscular por el estrés de la transferencia se hacía sentir, pero ni pasó por su cabeza faltar a la cita de honor. Cuatro apariciones "normales" de Diego, cuatro goles de Boca. Dos penales de su autoría que "soltó como una lágrima", festejados estruendosamente. Con la goleada consumada, tuvo tiempo para algunas reflexiones: "Sentía que el piso se me movía", "me siento al 60% de lo ideal", "la hinchada de Boca no solo quiere triunfos, también le gusta el fútbol bien jugado. Ojalá muchos tuvieran una hinchada como la de Boca", "era consciente de que todo giraba a mi alrededor". Jornada histórica imposible de olvidar.

• 23 de febrero de 1986: actuación decisiva con gol incluido de Carlos Daniel Tapia en el 4-3 ante Huracán

Partidazo en La Bombonera por la fecha 30 de la temporada 85/86 entre Boca y Huracán. Mucho riesgo en ambos arcos, cambiante y sin baches. Prevaleció el mediocampo *xeneize* gracias a un deslumbrante despliegue de Milton Melgar, gol incluido. A los 13 de la segunda etapa, una combinación al ras del piso entre el propio boliviano, Hoyos y Tapia, terminó con el Chino cara a cara contra Gay, definiendo raso por debajo del cuerpo del arquero. Golazo que parecía cerrar el resultado, pero dos goles del Globo pusieron una cuota de incertidumbre a la noche de calor y emociones.

• 24 de febrero de 2007: dos pases gol en dos minutos de Juan Román Riquelme para que Nery Cardozo y Rodrigo Palacio dieran vuelta al clásico contra Independiente

El gol de Emiliano Armenteros para Independiente certificaba la superioridad local en los minutos jugados. Sin embargo, dos estiletazos del más puro estilo Román pusieron de cara al gol tanto a Nery Cardozo como a Rodrigo Palacio, para dar vuelta el resultado en un momento impensado y marcar con resaltador cada uno de los pases gol en el palmarés del 10. Sobre el final del partido, Martín Palermo asombró a los presentes en el Cilindro de Avellaneda con un zurdazo desde la mitad de la cancha que selló el 3-1 final.

• 25 de febrero de 1981: Diego Maradona retornó de un amistoso en Mendoza ante Independiente Rivadavia y viajó de inmediato a Alemania a presentar sus botines Puma

A 48 horas del debut oficial, la Copa denominada "Copa Ejército de Los Andes" esperó a Boca y a Maradona con un lleno total en el Malvinas Argentinas de Mendoza. El triunfo ante Independiente Rivadavia por 2-1 con un gol del 10 de cabeza, dejó el mal sabor de su salida visiblemente sentido de la lesión que lo atormentaba. Sin embargo, ni bien aterrizaron en Aeroparque, Diego apenas descansó unas horas para emprender viaje a Múnich al lanzamiento de su línea de botines "Puma", por contrato ya establecido con anterioridad a su incorporación al club.

- **26 de febrero de 2012: golazo de tiro libre de Juan Román Riquelme para cerrar el 2-0 a Newell's**

El tiro libre, por ubicación y distancia, auguraba grito inmediato en La Bombonera. Román como siempre besó la pelota, tomó distancia y le dio el golpe perfecto para que pasara por el costado de la barrera hacia el palo de la mano izquierda del arquero rival, Sebastián Peratta. Golazo de "El Artista" para liquidar la victoria ante Newell's.

- **27 de febrero de 1991: Carlos Daniel Tapia participó en tres de los cuatro goles de la histórica victoria 4-3 sobre River por Copa Libertadores**

Fue una noche de hazaña con Diego Fernando Latorre como protagonista estelar. Sin embargo, el dorsal número 10 de Carlos Tapia también quedó en las fotos de tres de los cuatro gritos que estremecieron La Bombonera: ejecutó el tiro de esquina que desvió Giunta para el primer descuento. También desde su zurda puso en la cabeza de Blas el 2-3 parcial que acercaba al equipo a la remontada. Agilizó con un toque preciso hacia adelante la jugada que terminó con la tijera de Gambetita para el 4-3 final.

- **28 de febrero de 1998: La Bombonera susurra ante una actuación opaca de Juan Román Riquelme ante Vélez en la derrota 3-2**

Otro año donde todos esperaban su despegue, pero desde el cuerpo técnico del Bambino Veira no estaban tan seguros, por eso aceptaron la llegada de Rodolfo Pelusa Cardoso para que fuese el generador de fútbol de un equipo obligado a salir campeón. En el partido de la cuarta fecha del Clausura contra el futuro campeón Vélez Sarsfield, Román apareció como titular, donde jugó 85 minutos entre susurros y el inconformismo del entrenador que lo reemplazó por Rosada. Compenetrado y más protegido por José Pekerman en el Sub 23 que entrenaba con vistas al torneo de Toulón, solo tuvo acción en tres partidos muy esporádicos antes de aquel campeonato junto a la Selección que resultó ser una bisagra para su carrera.

CAPÍTULO 3

MARZO

- **1 de marzo 1981: doblete de Diego Maradona ante Instituto en La Bombonera**

Llegado ese mismo domingo por la mañana desde Múnich, cumpliendo compromisos contractuales con Puma, Diego solo tuvo tiempo para reducir el típico *jet lag* de un viaje transoceánico y enfocarse en el partido de la segunda fecha del Metro ante Instituto en La Bombonera. Dos goles suyos dejaron en claro su importancia en el equipo, pese a que solo llevaba una semana en el club. El primero de penal, a los 20 minutos, para desatar el resultado. El segundo, también en el primer tiempo, fue una joya que se ubicó siempre entre los preferidos para sus *highlights*: recibió de Perotti entre tres rivales sobre la medialuna, metió un sombrerito a Nieto, pique corto y definición con la derecha en diagonal. Golazo que no alcanzó para ganar. Fue empate 2-2.

- **2 de marzo 1943: último partido de Bernardo Gandulla con su compadre Raúl Emeal**

Entre los años 1937 y 1938, Ferrocarril Oeste tenía una delantera admirada por la Patria Futbolera: Maril, Borgnia, Sarlanga, Gandulla y Emeal conformaban "La Pandilla Verdolaga". Los últimos tres fueron emblemas del ataque boquense de los años 40. Gandulla y Emeal emigraron al Vasco da Gama en 1939 y, al año siguiente, Boca repatrió a ambos para formar un ataque de nivel superior que se consagró en el resonante título conseguido en 1940, con gran aporte goleador de la dupla. Aquella tarde, en el Nuevo Gasómetro, tras la derrota 2-1 ante Independiente por la Copa Rioplatense, se confirmó la salida de Emeal a Ferro, dado que su puesto sería ocupado por el oriental Severino Varela, poniendo fin a un tándem que maravilló a la hinchada.

• 2 de marzo 2010: pase gol de Juan Román Riquelme para que Martín Palermo alcanzara el récord de goles de Roberto Cherro

El partido pintaba muy complicado ante un Vélez protagonista de todos los campeonatos de entonces. De todos modos, Boca luchaba ese trámite desfavorable: Luciano Monzón había empatado y el Loco fallado un penal. Hasta que una construcción ofensiva por izquierda encabezada por Pochi Chávez encontró a Román, quien de primera con derecha habilitó a Martín para que convirtiera el 2-1 parcial y alcanzara el récord histórico.

• 3 de marzo 1929: Roberto Cherro convirtió dos de los tres goles de la victoria ante Chacarita

En dos minutos, "Cabecita de Oro" liquidó aquel partido mediante un cabezazo y una definición de goleador ni bien comenzado el complemento. Quedó como anécdota que el partido terminó cuando el reloj marcaba los 84 minutos antes por expreso pedido del capitán de Chacarita Juniors.

• 3 de marzo 1974: tres goles de Osvaldo Potente en la goleada 7-1 sobre Argentinos Juniors

El resultado explicó por sí solo la exhibición de fútbol ofensivo que desplegó Boca aquella tarde en La Bombonera. Aprovechó cada resquicio que Argentinos otorgó con toques, circulación y mucha contundencia. Potente se anotó una tripleta con apariciones de goleador nato, aunque no era su principal característica, en compañía de un romperredes como García Cambón. "En este Boca rotamos todos, siempre se puede resolver con lo simple de un toque. Vale la pena intentar la pared, muchas terminan en gol y en este plantel muchos sabemos fabricarlas", fue el mensaje de Patota desde los vestuarios.

• 4 de marzo 1984: debut de Luis Abdeneve, talentoso volante que registró dos pasos por el club sin demasiado suceso

Llegó desde Unión de Santa Fe junto a Mario Alberto con promesa de habilidad y manejo de pelota superior. Su debut fue aquella tarde multitudinaria en el Amalfitani cuando Boca derrotó 2-0 a Talleres por el Torneo Nacional, cuando ingresó por Omar Porté. El conflictivo 1984 opacó cualquier intento de afianzar sus condiciones, pero sus salidas a préstamo tanto a Unión como a Platense mostraban que era un jugador a recapturar. Por eso tuvo otra oportunidad con César Luis Menotti en 1987 como alternativa de Carlos Tapia. Tampoco logró la continuidad deseada y a mediados de ese año se alejó definitivamente del club.

• 5 de marzo 2006: gol de Federico Insúa para abrir la goleada 3-0 sobre Racing en La Plata

El Boca del Coco Basile y el Racing de Diego Simeone eran la contracara en cuanto a presente futbolístico cuando chocaron en el Estadio Ciudad de La Plata. Por eso no llamó la atención el 3-0 final con que los *xeneizes* sometieron a La Academia. El partido se desató en el inicio del segundo tiempo cuando entre Gago e Insúa desarmaron a toques a la defensa rival para dejar de cara al gol a Martín Palermo. Minutos más tarde, el Pocho encabezó una contra, combinó con Delgado, quien lo habilitó dentro del área para que, luego de enganchar para su zurda, sacara un zapatazo raso y directo al gol.

• 6 de marzo 1985: en la goleada 7-1 sobre Estudiantes de Río IV, Carlos Tapia convirtió su primer gol

En la noche de Parque Patricios abundaron los goles y las emociones. Boca metió siete goles después de muchos años, pero la mayor emoción fue el reconocimiento unánime a Roberto Mouzo, quien fue titular del equipo cordobés y hasta convirtió un gol de penal que fue aplaudido. Aquella noche se dio el primer gol de Tapia con la azul y oro: sobre los 12 minutos del segundo tiempo, Krasouski cambió de frente para la entrada de Sergio Giachello que, con un simple toque, dejó de cara al arco vacío al Chino para empujarla con un fuerte zurdazo.

• 7 de marzo de 2020: golazo de Tévez para lograr el título de la Superliga 19/20

La noche giró en torno al 10. Primero a Diego Maradona que fue homenajeado por todo el público presente, lo cual representaría la última vez del 10 en una cancha con público en las tribunas. Luego al que llevó la 10 de Boca aquella noche mágica: Carlitos Tévez. Con Salvio, Soldano (luego Abila) y Villa bien adelantados, el Apache ofició de enganche y tuvo una clara situación de gol en el inicio. River no podía doblegar a Atlético Tucumán y La Bombonera empujaba para que llegara ese gol que daría el campeonato. Sobre los 28 del segundo tiempo, Villa la peleó, Abila desde el piso la alargó para Tévez quien, sin dudarlo, sacó un derechazo que doblegó las manos de Jorge Broun. Boca pasó a ganar y a mirar el reloj. En ambas canchas pitaron el final en el minuto 50 y lo increíble fue real: Campeones de una Superliga que parecía imposible, gracias a un rendimiento superlativo de Carlitos con la 10 y en posición más retrasada. Última caricia del público al máximo ídolo del fútbol argentino antes de partir a su eternidad. Histórico.

• 7 de marzo 2021: gol de tiro libre y actuación deslumbrante de Edwin Cardona en el 7-1 sobre Vélez en Liniers

El siempre riesgoso viaje al Amalfitani terminó con una goleada sin precedentes. El tridente colombiano Cardona, Fabra y Villa por izquierda hizo estragos ante un rival que concedió espacios y fue letal para su juego. El titiritero de la noche fue Edwin Cardona, quien distribuyó la pelota a gusto para que sus compañeros se divirtieran. Así fueron llegando los goles: doblete de Villa y Maroni, dianas de Tévez, Campuzano y un tiro libre raso del mismo Edwin. Fue su última gran actuación con la azul y oro, dado que luego un desgarro, contagio de COVID-19 y problemas físicos y personales varios decretaron su salida del club a fines de 2021.

• 8 de marzo 1996: gol de penal de Diego Maradona a Gimnasia y Esgrima de Jujuy en la goleada 4-0 en Vélez

Fecha 1 del Clausura 96, ilusiones renovadas luego del porrazo de fines del año pasado. Bajo la dirección técnica de Carlos Bilardo, con Claudio Caniggia y Diego Maradona en mejor estado físico, el comienzo fue con goleada ante una multitud en la cancha de Vélez frente a Gimnasia y Esgrima de Jujuy. Ni bien comenzado el partido, un toque arriba de Arzubialde contra el Kily González dentro del área provocó el penal que Diego ejecutó contra un palo mediante un zurdazo impecable.

• 9 de marzo 2008: golazo de Juan Román Riquelme a Independiente para empatar el partido

Boca había sido superior a Independiente en todo el desarrollo del partido, pero los caminos al arco rival estaban taponados. Para colmo, sufrió la expulsión de Gabriel Paletta sobre el final del primer tiempo. Allí fue el momento donde Román se cargó al equipo en su mochila llena de fútbol y la presión de La Bombonera se hizo insostenible. Álvaro González trepó hasta la puerta del área, la jugó con el 10, quien armó una pared fantástica con Mauro Boselli que lo dejó de cara al arco para someter a Fabián Assman con un derechazo que tuvo su firma y sello. Golazo que fue el primero tras el retorno definitivo al club a principios de aquel año.

• 10 de marzo 1974: Osvaldo Potente convirtió uno de los seis tantos de la goleada 6-0 sobre San Lorenzo en el Nuevo Gasómetro

"La contribución de Potente al juego fue sencillamente GENIAL", resaltó Juvenal en su comentario del partido publicado en *El Gráfico*. Patota marcó el 2-0, tras picar al vacío luego de un pase de García Cambón y desarrolló una actuación descollante en la segunda etapa donde sirvió tres goles a sus compañeros Ponce, Ferrero y Casares. Mostró, además, una visión periférica del juego notable para que Boca triturara a su rival en su propio estadio, aportando la pausa necesaria para que el resto de los atacantes coordinaran su velocidad mental. Una tarde histórica por el resultado y por el juego mostrado.

• 11 de marzo 2001: exquisito pase gol de Juan Román Riquelme a Omar Pérez para empatar el partido ante Belgrano en La Bombonera

El Boca campeón del mundo pisaba fuerte en la fase de grupos de la Copa, pero en el torneo local solo había ganado un partido sobre seis. Belgrano se estaba llevando tres puntos de La Bombonera hasta que, faltando seis minutos, Román hizo un pase de magia con una de sus más recordadas asistencias. En posición de 10 dibujó una bisectriz perfecta que penetró el cerrojo celeste y puso de cara al gol a Omar Pérez que definió de derecha. El grito de gol se entremezcló con el de asombro ante tamaña clase para dejarle servido el tanto a un compañero.

• 12 de marzo 1972: Osvaldo Potente fue una de las figuras de la goleada 4-0 sobre River como visitante

Tras un primer tiempo parejo, anodino y con alguna carga de violencia, el duelo de talentosos entre Oscar Más y Osvaldo Potente pasó a ganarlo claramente el 10 *xeneize* y, por ende, el equipo de Fernando Riera se apropió del Superclásico. Siempre perfilado detrás de la línea de volantes locales para meter las estocadas que tanto duelen, en permanente comunicación con sus delanteros, Hugo Curioni y Ramón Ponce. Así llegaron los goles: Potente conexión con Ponce para el primero. Potente habilitó desde campo propio a Curioni para el tercero. "Me tiré unos metros más atrás y allí pude recibir tranquilo. Ellos salieron desesperados y conseguimos los espacios para golear. Aún me duele el que me perdí solo ante Barisio, pero entre Curioni y Ponce metieron cuatro", comentó Patota en el vestuario ganador.

• 13 de marzo 1992: por los parlantes de La Bombonera se anunció la contratación de Alberto Márcico

En el césped sometido por un temporal de pocas horas antes, Boca se imponía 1-0 sobre Argentinos en un duelo caliente, con mucha fricción y resultado abierto. Sin embargo, promediando el juego, la voz del estadio interrumpió el aliento constante del jugador número 12: "Se informa al público presente que Alberto Márcico ya es jugador de Boca". La negociación que llevaba dos meses de tira y afloje se concretaba en la madrugada de Toulouse y repercutía en la noche lluviosa de Buenos Aires: "Después de Maradona, el Beto fue lo más grande que vi", opinó Marchesini. "Los buenos jugadores no son problema. Físicamente no necesito un velocista, más bien un jugador de fútbol", sentenció con ironía el maestro Tabárez.

• 14 de marzo 2013: gol de penal de Juan Román Riquelme para la victoria 1-0 ante Nacional en Montevideo

Boca, Bianchi y Riquelme siempre fueron sinónimos de noches de Copa Libertadores. La campaña en la fase de grupos de 2013 obligaba a ganar una parada difícil ante Nacional en el Centenario. Mucho más tras la roja a Chiqui Pérez por un penal cometido como último recurso que fue fallado por Iván Alonso. Sobre el final del primer tiempo, el árbitro brasileño, De Oliveira, marcó penal por un agarrón adentro del área a Juan Manuel Martínez. La pelota la tomó Román, la besó, se concentró en la importancia que sería convertir para pasar a ganar un partido clave. Así fue su remate, alto, sin titubeos pegado al ángulo derecho del arco de la tribuna Colombres. Los 50 minutos restantes fueron soportados por la vieja garra boquense y algunos destellos mágicos del 10.

• 15 de marzo 2009: La Bombonera ovacionó a Juan Román Riquelme por sobre Diego Maradona tras un conflicto en la selección argentina

En la semana había estallado la bomba: Juan Román Riquelme rechazó la convocatoria de Diego Maradona a integrar el seleccionado argentino con vistas a los duelos por eliminatorias ante Venezuela y Bolivia. El ambiente futbolero se sacudió y fue el tema de varios días en los medios. El domingo siguiente, Boca recibía a Argentinos Juniors en una Bombonera que se manifestó sobre la discusión con numerosas banderas escritas a mano donde el apoyo a Román superó ampliamente al de Diego. Una lástima que un problema ajeno a Boca haya repercutido entre los hinchas del club. Entre ellos la relación nunca más se recompuso.

• 16 de marzo 1986: descollante partido de Carlos Daniel Tapia ante Argentinos donde convirtió un gol

"Vieron cómo quedó la pelota enganchada en la red", así rompió el hielo el Chino con el ejército de grabadores, biromes y anotadores que lo esperaba al salir de la ducha. "Creo que fue mi mejor partido en Boca, me tiré atrás, la pedí, metí un golazo. Lo que empuja la hinchada es espectacular, pero también nos hace ir demasiado al ataque o remontar situaciones complicadas, pero nos quita precisión. Igual jamás podríamos quejarnos de ese apoyo incondicional". Sobre el final de un primer tiempo eléctrico, metió el 2-2 parcial con un tiro libre recto de zurda al palo que defendía Vidallé. Sus performances lo acercaban a la lista definitiva del seleccionado que viajaría al Mundial de México. Fue triunfo 3-2 ante el entonces vigente campeón de América.

• 16 de marzo 2014: desde el ángulo del córner, Juan Román Riquelme saludó a un niño contra el alambrado

"De chiquilín te miraba de afuera" es la letra que da inicio a un tango legendario como "Cafetín de Buenos Aires". Joaquín Vega tenía por entonces seis años y su padre lo había subido al alambrado para que pudiera observar el desarrollo de aquel Boca 1- Argentinos 1 por el Clausura. Fue así que Román al ir al ángulo de córner para ejecutar el tiro de esquina, lo vio y unió su mano derecha con las del niño que lo miraba embelesado. Días más tarde Joaquín concurrió a un entrenamiento para coronar ese encuentro y en 2019, mientras el 10 armaba su partido de despedida, se inició su búsqueda para que participara como alcanza pelotas de ese homenaje que aún no se ha realizado.

• 17 de marzo 1971: Ángel Clemente Rojas convirtió un gol en el accidentado partido ante Sporting Cristal por Copa Libertadores

Antes de la batalla campal entre los protagonistas, hubo un partido muy intenso. Ángel Clemente Rojas, a los 25 del primer tiempo, logró revertir el mal comienzo con un golazo que dominó con golpe de pecho y tras picar sacó un potente derechazo alto para batir al arquero Luis Rubinos. Más tarde Rojitas participó de la gresca y fue expulsado como el resto de los jugadores participantes, salvo Julio Mélendez Calderón y ambos guardametas.

• 18 de marzo 1989: gol de Carlos Daniel Tapia para empatar un difícil partido ante Rosario Central que terminó con victoria 2-1

Partido movido de sábado a la noche en La Bombonera. Estreno de la emblemática casaca suplente con el azul y oro cruzando el pecho en forma de bandera. Un Boca voraz en ataque se encontraba en desventaja y además con una lesión inoportuna de Claudio Marangoni. Los juveniles Diego Soñora y Diego Latorre tomaban las riendas del equipo y Boca iba. Tapia ingresó al área dispuesto a sacar el zurdazo y fue trabado por Bisconti. Penal que discute Central pero sin razón. El Chino acomodó y le dio fuerte, al medio, para establecer el empate que, minutos más tarde, rompió Alfredo Graciani de cabeza. El jugador número 12 deliró con un triunfo vital para las ilusiones de campeón. "Lo jugamos con todo, con hambre de campeón pero en equipo. Acá nadie se salva solo", remarcó Daniel a *El Gráfico*.

• 19 de marzo 1972: sublime actuación de Osvaldo Potente en la goleada 7-1 sobre Estudiantes como visitante

Lo que habrá sido la actuación de Patota en 1 y 57 que su doblete fue solo un complemento de aquella espectacular tarde boquense. Parado como mediocampista creativo, pero siempre buscando el hueco para picar al vacío y ubicarse en situación de gol. Sus virtudes trituraron a un *Pincha* desinflado. Atrevido, audaz, inteligente para meter la pausa, certero cuando le tocó definir. Potente y sus compañeros dejaron afónicos a todos los bosteros que coparon la popular visitante.

• 19 de marzo 1986: consagratoria actuación y doblete de Carlos Tapia en la goleada 4-0 ante Independiente en Avellaneda

La habilidad, inteligencia y potencia goleadora de Tapia arrasaron a Independiente en la Doble Visera, especialmente en un primer tiempo pintado de azul y oro de principio a fin. El primer gol acompañó una maniobra individual de Hoyos para definir con el arco vacío, mientras que 14 minutos después recibió el pase a domicilio de Melgar y lanzado en velocidad superó a Clausen y clavó un zurdazo en el ángulo de Víctor Civarelli. Muchas versiones conectan esa exhibición del Chino con su convocatoria al Mundial de México a partir de una sugerencia del mismísimo Julio Grondona.

• 20 de marzo 1985: gran actuación con gol incluido de Carlos Daniel Tapia en la victoria 3-2 ante Vélez por la ida de enfrentamientos directos de la Ronda de Ganadores del torneo Nacional

El equipo de Alfredo Di Stefano estaba en alza y lo confirmó con una hora de superioridad total sobre Vélez que había sido uno de los mejores equipos de la fase de grupos del último torneo Nacional. El Chino Tapia fue determinante en todo el volumen ofensivo, participando del gol de Dykstra para abrir el marcador y empujando la pelota con el arco libre para poner el 3-0 impensado en la previa. El cuadro de Liniers reaccionó con goles de Gabrich y Comas y dejó abierta la serie que terminó en tristezas, porque cuatro días más tarde el triunfo 2-0 de la V azulada sacó a Boca de la ronda de ganadores.

• 21 de marzo de 1978: Mario Zanabria jugó los 90 minutos del 2-2 ante Borussia Monchengladbach por la ida de la Intercontinental

Partido de ida por la Copa Intercontinental ante el equipo alemán que tomó el lugar del Liverpool quien declinó jugar. La Bombonera repleta reconoció el espíritu combativo de Boca ante la practicidad del rival, especialmente en el primer tiempo. Mario Zanabria fue titular los 90 minutos y se ubicó a la izquierda, en función de lanzador para las diagonales de Mastrángelo, pero sufrió los embates de Berti Vogts aprovechando espacios vacíos entre él y Miguel Bordón.

• 21 de marzo 1999: primer doblete de Juan Román Riquelme para la victoria 3-0 sobre Argentinos

"Este año voy a necesitar que pises más el área", le pidió Carlos Bianchi al regresar de las vacaciones luego de la obtención del Apertura 98. Y, como alumno siempre aplicado, Román apareció en cada ataque tanto perfilado para sacar sus potentes derechazos o para definir alguna jugada. En el partido correspondiente a la tercera fecha del Clausura, con un cabezazo en las narices del golero rival, Marcelo Pontiroli, y un zapatazo desde 35 metros, esquinado y direccionado, selló su primer doblete en Boca y otra victoria de aquel equipo inolvidable.

• 22 de marzo 2000: primer partido de Juan Román Riquelme en Copa Libertadores

Debido a su lesión en el tobillo producida durante el Preolímpico de Londrina con la camiseta de la Selección, Román

no había iniciado la competencia oficial con el resto del plantel. La idea de Bianchi fue llevarlo muy de a poco, sabiendo su importancia para los partidos que vendrían. Por ese motivo recién tuvo su bautismo copero aquella noche que pasó a la historia por los cinco goles de Alfredo Moreno al Blooming de Bolivia en La Bombonera.

• 23 de marzo 1997: primer Superclásico de la carrera de Juan Román Riquelme

Aquel inestable equipo del Bambino Veira llegó como punto al Superclásico a jugarse en el Monumental por la sexta fecha del Clausura. Sin embargo, el cuadrado ofensivo integrado por Martínez, Cedrés, Latorre y Román trituró al poderoso River de Ramón Díaz en el primer tiempo, sacando una impensada ventaja de tres goles. Riquelme fue el distribuidor de la pelota, alternó lujos, marcó presencia ante los volantes rivales y cuando el partido se oscureció, tanto en el trámite como en el resultado, fue el generador de algunas contras, dándose el lujo hasta de sacar un derechazo desde el círculo central. Fue su debut en el partido que más lo motivó a lo largo de su carrera.

• 24 de marzo 1996: gran partido de Diego Maradona en dupla con Claudio Caniggia en la victoria 1-0 sobre Platense

Otro partido de local en cancha de Vélez mientras La Bombonera reformaba sus palcos, con toda la multitud empujando un equipo de estrellas que logró un triunfo ajustado solo en el marcador ante Platense, porque fue superior a lo largo de los 90 minutos, con el 10 fabricando fútbol en contacto permanente con un picante Caniggia, autor del gol de la tarde. En la última jugada, Diego dejó en el camino a dos rivales y con el arco vacío pifió el remate.

• 25 de marzo 1962: debut oficial de Norberto Menéndez con dos goles para vencer a Chacarita 2-1

El estreno del Beto con la azul y oro mostró sus claras intenciones de imponer su talento y habilidad. Aquella tarde encontró en Alberto González a su socio para tocar, acercarse y terminar la jugada, lo que le reportó dos goles que celebró La Bombonera para batir al Funebrero, dentro de un partido chato y con juego brusco abundante.

• 26 de marzo 1992: primera práctica en La Bombonera de Alberto Márcico

"Cuando entré a La Bombonera a realizar mi primer entrenamiento, detuve mi mirada en el sector de la tribuna de socios donde iba cuando era hincha". El Beto cargó de emociones en aquella primera práctica en su pasto sagrado y luego recorrió las calles del barrio hasta Barracas, el lugar que guarda todos sus secretos de la infancia y adolescencia: "Quería conocer cómo se siente desde adentro a la hinchada de Boca. En Francia fui muy feliz, todo salió bien, pero la idea de volver siempre estuvo. Mi familia conocía mis deseos", concluyó.

• 27 de marzo 2011: golazo de tiro libre de Juan Román Riquelme a Colón para volver a la victoria tras tres derrotas consecutivas

Luego de tres derrotas consecutivas y naufragando por el fondo de la tabla del Clausura, el partido ante Colón asomaba como decisivo para el futuro de muchos. El entrenador Julio Falcioni probó con un esquema táctico diferente para torcer el mal presente pero, en definitiva, lo que salvó la tarde fue un tiro libre magistral de Juan Román Riquelme desde el vértice del área por derecha. El guardameta rival, Diego Pozo, armó la barrera para evitar lo que fue inevitable. Un derechazo recto que dibujó una mágica parábola para meterse junto al palo. Golazo, para celebrarlo con los suplentes y para soportar ese 1-0 que era una bocanada de aire fresco para todos.

• 28 de marzo 1999: golazo de Juan Román Riquelme a Gimnasia para salvar el invicto

Boca buscaba por todos lados el empate y conservar ese invicto que llevaba diez meses. Los caminos al gol estaban

cortados hasta que Chaco Giménez peleó una pelota por izquierda y la cedió para Román que apuntó y sacó un derechazo implacable, de esos que inflan las redes y provocan fuertes gritos de gol. Fue empate final 1-1 ante el duro equipo del viejo Timoteo.

• 29 de marzo 1931: siete goles de Roberto Cherro para vencer a Honor y Patra por 9-1

El equipo de Bernal sufrió, en el único enfrentamiento de su historia ante Boca, la potencia goleadora de Cherro a lo largo de 58 minutos imparables en el estadio de San Lorenzo. Aquella tarde estableció el récord, aún vigente, de goles convertidos por un jugador *xeneize* en un mismo partido. Los restantes fueron convertidos por Alberino y Tomero en contra.

• 29 de marzo 1992: estreno de Alberto Márcico en la victoria 2-0 sobre Platense en La Bombonera

El momento esperado había llegado. La Bombonera vestida de gala lo recibió a puro grito y esperanza. El Beto estrenaba la 9 de Boca y su carta de presentación fue un taco a los pocos segundos de juego para habilitar a Sergio Saturno. Minutos más tarde fue a pelear una pelota contra el defensor Ariel Orellano y con toda la picardía del potrero de Barracas consiguió el penal que José Luis Villarreal cambió por gol para ponerse en ventaja. "Cumplí el sueño de mi vida futbolística. La única bronca de hoy fue la pelota que Serrano me sacó con la punta de los dedos; hubiera sido el gol que soñé", expresó en los vestuarios.

• 30 de marzo 2014: golazo de Juan Román Riquelme de tiro libre a River

El recuerdo amargo del resultado no empañó con el tiempo admirar la obra de arte que partió del pie derecho de Román. River se había puesto en ventaja y el equipo buscaba afanosamente el empate hasta que una infracción de Cavenaghi a

Martínez abrió la ilusión del empate para todos los presentes en La Bombonera. El 10 la colocó, clavó su vista en el ángulo derecho, cargó de potencia y calidad su pie derecho para ponerla en ese lugar imaginado ante la impotente mirada de Marcelo Barovero. Un golazo con sello y firma visto desde cualquier posición de la cancha.

- **31 de marzo 1929: Roberto Cherro convirtió los tres goles de la victoria 3-0 sobre El Porvenir**

Antes del cuarto de hora ya había sacudido a la concurrencia *xeneize* en Sportivo Barracas, con dos goles de su sello. Un zapatazo de goleador y otro más de cabeza. Promediando la segunda etapa, cerró el resultado con otro tanto que lo erigió como la máxima figura de la tarde.

CAPÍTULO 4

ABRIL

- **1 de abril de 1999: otro golazo de Juan Román Riquelme esta vez a Huracán para ganar 1-0**

Partido accesible en los papeles, pero incómodo en el césped. Boca no podía avasallar a un equipo rival que transitaba un inexorable camino hacia el descenso. Hasta que apareció Román, tomó la pelota, fue buscando su mejor perfil y sacó un derechazo implacable, imposible para el vuelo de Marcos Gutiérrez y el bloqueo de tres defensores. Golazo para sentenciar el resultado final.

- **2 de abril de 2006: Federico Insúa fue expulsado y dejó a Boca con 9, pero el equipo sacó adelante una victoria hazañosa ante Banfield**

El partido ante el Taladro quedó en la memoria popular como un mojón muy recordado en el cartón lleno del primer ciclo de Alfio Basile. A la expulsión de Daniel Díaz se le sumó a poco del final la de Federico Insúa, que estaba desarrollando un muy buen partido, cuando ingresó con chances de gol al área y fue embestido por Julio Barraza. Todo el estadio pidió penal, pero el árbitro Favale amonestó al Pocho por consi-

derarlo simulación. Boca con 9, Banfield con 11 y pasado el tiempo regular ese golazo histórico de Hugo Ibarra para ganar tres puntos fundamentales.

- **3 de abril de 2011: golazo de tiro libre de Juan Román Riquelme en la victoria 2 a 1 sobre Estudiantes**

Al comenzar el partido, el oportunismo goleador de Hernán Rodrigo López puso en ventaja a los *Pinchas*. La Bombonera improvisó inmediatamente el "Dale, Bo, que no ha pasado nada" y el equipo fue al frente hasta que, sobre el cuarto de hora, Pezzota cobró infracción a Chávez y pese a ser ideal para un pie zurdo, Román tomó carrera y quedó como único ejecutor. Tiro libre excelso desde su guante derecho que hizo una comba perfecta por arriba de la barrera y totalmente inútil el vuelo de Agustín Orión.

- **4 de abril de 1999: gran pase gol de Juan Román Riquelme para el gol de la victoria ante Belgrano**

Pegajoso rival resultó Belgrano en la tarde del Amalfitani, donde Boca fue local por la suspensión derivada de los incidentes del amistoso ante Chacarita. Hasta que Román encontró un hueco para crear: recibió de Pereda, levantó la vista, encaró a la línea defensiva Pirata y la empaló hacia su derecha donde esperaba Martín Palermo que sacudió de zurda para batir a Bernardo Ragg. Resultado corto, pero triunfo merecido.

- **5 de abril de 1981: golazo de volea de Diego Maradona ante Independiente en Avellaneda**

Diego se había recuperado totalmente de aquel tirón que lo limitó en sus primeros partidos. "Hoy me levanté un 50% mejor que el domingo pasado y ya siento que me estoy acercando al nivel que la gente quiere", declaró en vestuarios. El clásico ante los Rojos aparecía como el primer compromiso para marcar historia. Sobre los 40 minutos, Miguel Brindisi desde el círculo central puso una pelota fantástica en altura para que el 10 picara al vacío por detrás de Villaverde y Olguín, acomodara el cuerpo, la dejara picar y sacara un zurdazo fuerte de arriba hacia abajo. Golazo para empezar a ganar el partido que terminó siendo un monólogo *xeneize*. Sobre el final, también dispuso de dos chances claras para que el 2-0 se transformara en goleada, pero fueron salvadas por el arquero rival, Jorge Fossati.

• 6 de abril de 2014: gol de penal y un pase gol brillante de Juan Román Riquelme en la victoria 3-0 sobre Godoy Cruz en La Bombonera

Ejecución clásica, perfecta, para batir a Jorge Carranza y a los nueve minutos poner a Boca en ventaja mediante un tiro penal. Notable pase en profundidad cruzando la raya central para habilitar a Emmanuel Gigliotti, con el segundo tiempo recién comenzado, para ampliar el resultado. Las perlas de Román fueron determinantes para romper la racha negativa de cuatro partidos y que La Bombonera terminara la tarde con una sonrisa.

• 7 de abril de 2002: Juan Román Riquelme marcó un golazo que dedicó a su hermano Christian

Había sido una semana muy angustiante en lo personal para el 10. Por ese motivo fue ovacionado permanentemente por La Bombonera en cada intervención suya de aquella noche ante Unión de Santa Fe por la fecha 12 del Clausura que, literalmente, estalló en grito de gol en el minuto 60, cuando Omar Pérez cortó en tres cuartos de cancha, la tocó al pie de Román, quien encaró al área y con una pisada indescifrable para el bloque que lo tapaba quedó de cara a Nereo Fernández y definió fuerte y abajo. Golazo, celebrado con mucha emoción por todos.

• 8 de abril de 2001: Juan Román Riquelme inmortalizó su festejo con el Topo Gigio

Ya en el primer tiempo del Superclásico de la fecha 10 del Clausura había mostrado retazos de su talento, pero en el complemento, su unipersonal alcanzó niveles extraordinarios.

Fue el amo y señor de un partido que su actuación hizo pintar de azul y oro. Dominio absoluto de pelota, hizo jugar a todos sus compañeros y generó por sí solo peligro en el arco rival. Hasta que en el minuto 27 se detuvo la historia: Constanzo le rechazó un penal, Román convirtió de cabeza y en el festejo se plantó mirando fijo al palco oficial con ambas manos detrás de las orejas. Semanas antes, el tesorero del club, Orlando Salvestrini, había respondido a un reclamo contractual: "Para qué querés ganar más plata". Al terminar el 3-0 con el que Boca sometió a River, ante el micrófono de Marcelo Benedetto, entre risas, declaró que ese gesto era "porque a mi hija le gusta mucho el Topo Gigio" y así inmortalizó e internacionalizó una manera de celebrar goles.

• 9 de abril de 1977: con Mario Zanabria como figura excluyente fue goleada a All Boys por 5-1

"Fiebre de Marito por la noche" pudo titularse la película aquel sábado en La Bombonera. Su actuación resultó sobresaliente en base a pelotazos al pie de cada compañero que lo requería y frecuentes construcciones ofensivas en posición de gol que terminaron destruyendo la resistencia de un pobre rival.

• 10 de abril de 1981: primer Superclásico de Diego Maradona, actuación decisiva y gol histórico

Lo tomó como su verdadera primera final con la azul y oro. Salió a comerse la cancha, pero en medio del barro y la lluvia recibió patadas por *doquier* junto a una amonestación por pretender hacer un gol con la mano. En el complemento desató amarras y fabricó maravillas como la jugada previa al primer gol de Brindisi, donde fue recibiendo golpes que no detuvieron su carrera hacia el área rival o el punto máximo de alegría: su gol que selló el resultado donde desarmó a Fillol y Tarantini antes de empujar con zurda a la red. Luego fue por más, con la banda sonora de La Bombonera acompañándolo a puro "olé", dibujando todo tipo de piruetas con la pelota sobre el lodazal. Diego Armando Maradona entraba al olimpo boquense de la mano de una demostración de fútbol, todo embarrado y ante River. "A mí me gustan las responsabilidades y quería ganar este partido por mi familia, por la hinchada de Boca y por mis compañeros. Sin dudas, hoy estoy feliz", sintetizó en vestuarios.

• 11 de abril de 1993: pases gol de Alberto Márcico y Carlos Tapia para los goles de Martínez y Acosta sobre River

Otro Superclásico donde Boca iba cabizbajo al Monumental, pero que con el pitazo inicial se transformaba en un equipo práctico y guerrero frente a otro que desbordaba nervios. Tiro de esquina ejecutado con pimienta por el Beto Márcico, dudan Javier Zeoli y Carlos Bustos y la cabeza del Manteca Martínez hace gritar por primera vez a la tribuna de Figueroa Alcorta. Segundo tiempo, River se venía sin ningún tipo de claridad, se expuso a una contra que manejó muy bien Carlos Daniel Tapia, quien habilitó en profundidad para que Alberto Acosta defininiera sobre la salida del arquero. Boca 2–River 0. La paternidad continuaba con buena salud.

• 12 de abril de 2010: pase gol de Juan Román Riquelme a Martín Palermo para que se convierta en el máximo goleador de la historia de Boca

En uno de sus peores torneos de los últimos tiempos, el equipo buscaba encontrar alegrías en cualquier caja de regalos. Aquella tarde de lunes todos los ojos estaban puestos en que Martín Palermo superara de una vez por todas el récord de Roberto Cherro como máximo goleador de la historia del club. Rápidamente, una tromba azul y oro fue contra el arco de Arsenal hasta que sobre los nueve minutos Riquelme llevó la pelota al área y combinó con Nicolás Gaitán, quien lo puso de cara al gol. El 10 prefirió tocársela al Loco para que gritara su gol 219 con la camiseta de Boca.

• 13 de abril de 1986: tripleta de Carlos Daniel Tapia ante Chacarita en la victoria 3-1 por la fecha 37

Tarde perfecta del Chino en San Martín, en especial, por su tripleta de golazos, el primero de penal luego de ser golpeado por Cánova cuando ingresaba al área. El segundo, cuando recibió un pase de Hoyos, se abrió a la derecha, quedó de cara a Cannataro y lo sometió con su pierna menos hábil. El tercero, tras robo de Alfredo Graciani en la mitad de cancha, recibió el pelotazo cruzado y definió desde piso, cruzado, imposible para el arquero funebrero. Otra actuación brillante que lo acercaba a la lista de la Selección para el Mundial de México.

• 14 de abril de 1963: doblete de Norberto Menéndez en el 5-3 ante Olimpia en La Bombonera, el primer triunfo en la historia de la Copa Libertadores

Después de la derrota en Asunción, el triunfo en La Bombonera se hacía fundamental para el equipo. La actuación de Norberto Menéndez fue el termómetro que marcó los puntos altos cuando se adelantaba en el terreno y formaba dupla con Sanfilippo para perforar el cerrojo paraguayo. Así llegaron sus goles, productos claros de su inspiración personal. También los puntos bajos, sumados a problemas defensivos muy visibles, cuando el Beto se puso impreciso en los pases y el ataque perdió frescura.

• 15 de abril de 2007: se abrió el superclásico con un pase gol de Juan Román Riquelme a Ledesma

Arranque furioso de Boca en el superclásico de la fecha 10 del Clausura. Se ejecutó rápido un tiro libre en el círculo central, Palermo tocó para Ledesma, quien buscó a Román para que lo pusiera de cara al gol. Y así fue. Con un solo toque sin moverse le dejó servido al 8 el grito *xeneize* más rápido hasta hoy de la historia del máximo duelo nacional.

- **16 de abril de 1944: doblete de Jaime Sarlanga en la goleada 5-0 sobre Ferro**

Comienzo a toda orquesta del campeón vigente. La Bombonera asistió a una goleada aplastante sobre los verdolagas que firmó en los últimos minutos un sagaz Jaime Sarlanga, convirtiendo dos tantos que decoraron el 5-0 final.

- **17 de abril de 2011: gol de Juan Román Riquelme a Tigre para empatar transitoriamente el partido que dio inicio al invicto de 35 partidos**

El doblete de Denis Stracqualursi para Tigre había despertado una ola de reproches en La Bombonera contra un equipo totalmente desdibujado. Sin embargo, en los minutos finales del primer tiempo, Román se cargó de remontar el barrilete en medio de la tempestad. De sus pies apareció el peligro contra el arco de Daniel Islas y, en los últimos dos minutos del primer tiempo, llegaron los goles: tuvo activa participación en el primero cuando arrimó la pelota hasta dentro del área, chocó contra Renzo Vera y de ese rebote facturó Nicolás Colazo y convirtió el segundo, con un derechazo bajo, luego de una triangulación con Mouche y Clemente Rodríguez. Fue empate final 3-3 y para Boca dio comienzo a una racha de 35 partidos sin derrotas.

- **18 de abril de 2012: gol de Juan Román Riquelme para cerrar el 2-0 ante Zamora por Copa Libertadores**

Se buscaba el primer puesto del grupo copero aguardando el resultado de Fluminense en Sarandí. Minutos después del gol de Nicolás Blandi, desde la derecha partió el centro de Franco Sosa, dentro del área Sergio Araujo la bajó de cabeza hacia atrás y encontró a Román de frente al arco para que sacudiera de derecha. Golazo para suscribir el 2-0 final contra el débil equipo venezolano. Por la combinación de resultados, Boca clasificó a octavos de final como segundo.

• 19 de abril de 1981: Diego Maradona, debido a una cláusula establecida en el pase, no formó parte del partido ante Argentinos Juniors

Tras la pérdida del invicto contra Vélez cuatro días antes, Boca enfrentó a Argentinos sin Diego Maradona por una cláusula firmada en el pase para que el 10 no enfrentara a su club formador durante toda la extensión del vínculo con Boca. De todas maneras, el equipo de Marzolini derrotó sin atenuantes al del Toto Lorenzo, que en los vestuarios presentó la renuncia a su cargo, con una actuación muy destacada de Osvaldo "Pichi" Escudero.

• 20 de abril de 2014: golazo de Juan Román Riquelme a Tigre sobre la hora para ganar en Victoria

Aquel equipo de Carlos Bianchi la había pasado muy mal durante el primer tiempo, sometido por un rival muy intenso. Sin embargo, no se vio plasmado en goles por lo que el empate en cero parecía ser el resultado aceptado por ambos. Hasta que la magia irrumpió en la noche de Victoria cuando Román recibió la pelota, avanzó hacia al arco de su amigo Javier García y sacó un derechazo seco y direccionado para ganar el partido.

• 21 de abril de 1905: primer 10 de Boca

A las 14:30 del viernes 21 de abril, la pelota rodó por primera vez en la historia de Boca. En un *field* de la dársena sur enfrentó a Mariano Moreno que arrancó el cotejo diezmando por la falta de dos *players*, lo cual trajo una queja formal realizada al diario *La Argentina*, solicitando revancha. El 2-3-5 como se paraban aquellos equipos de principios de siglo cuesta determinar quién era el 10 talentoso que hacía jugar a todos. Luis De Harenne, volante de esa línea de tres, jugó en un puesto que puede considerarse similar, delante de la línea ofensiva.

• 22 de abril de 1997: Diego Maradona firmó su último contrato con Boca

"Espero que esta vuelta sea la definitiva, la mejor y la última. Voy a dejar todo en la cancha". De impecable elegante *sport* negro, el 10 estampó la firma del contrato que lo unía con el club hasta el 31 de diciembre: "Siento una gran emoción al volver a pisar este estadio. Vuelvo porque quiero a Boca, porque quiero jugar y deseo que mis hijas me vean correr en la cancha", fueron sus palabras entre constantes bromas con el presidente Mauricio Macri. Y, para sorpresa de muchos, agregó: "Quiero ser campeón con Boca y jugar el próximo Mundial en Francia. Pero sé que hoy tengo pocas posibilidades".

• 23 de abril de 1995: alto voltaje en La Bombonera por la victoria 1-0 sobre Vélez con batalla dialéctica, donde Márcico enseñó insultos en español al camerunés Alphonse Tchami

El Beto fue el autor intelectual de los encontronazos de Alphonse Tchami con los referentes velezanos, José Luis Chilavert y Roberto Trotta, dado que, alertado de que irían a buscar al africano para amedentrarlo, le enseñó algunos insultos de grueso calibre para responder. En medio de un partido que estalló los termómetros en cuanto a tensión y juego al límite, se produjeron muchas idas y vueltas entre los futbolistas mencionados que terminó en gran escaramuza al terminar el 1-0 con el cual el cuadro de Marzolini se impuso al vigente campeón intercontinental.

• 24 de abril de 1992: en la victoria 2-1 ante Unión en La Bombonera, convirtió su primer gol Alberto Márcico

Desde su debut un mes antes, el Beto venía buscando ese gol que coronara todo su esfuerzo para llegar al club de sus amores. Aquella noche lluviosa de viernes estaba cumpliendo una labor destacada ante Unión ya con el manejo del equipo a su ritmo y con participación decisiva en el gol de Giunta, que abrió el marcador. Promediando el segundo tiempo, recibió

un pase de Diego Latorre y en su mente ya estaba toda la resolución de la jugada que terminó con un derechazo repleto de precisión, dirección y calidad. Golazo que gritó con el alma de cara a las bandejas que dan al Riachuelo: "Sabía que el gol iba a llegar en cualquier momento. No estaba enloquecido, había tenido varias situaciones y se me había negado. Latorre me la dio en el momento justo, vi la posición de Pumpido y decidí ponerla ahí", remarcó desbordante de alegría tras el partido.

• 25 de abril de 2010: pases gol de Juan Román Riquelme para los goles de Matías Giménez y Martín Palermo ante San Lorenzo

Apenas comenzado el partido ejecutó un córner preciso al primer palo donde Matías Giménez peinó y la colocó lejos de Migliore. Para sentenciar la noche del domingo con una alegría para el jugador número 12, volcado sobre la izquierda puso una pelota recta al ingreso de Martín Palermo que, sin dudar, sacó el latigazo directo a la red. Triunfo 2-0 para maquillar un torneo olvidable.

• 26 de abril de 1981: gol de Diego Maradona a Estudiantes, el único en Boca que no se tiene hoy en día un registro televisivo

Sin archivos fílmicos que lo avalen, se puede contar que Diego en aquella tarde platense tuvo un desempeño con intermitencias pero decisivo, siendo sometido al rigor de Miguel Russo, pero con apariciones mágicas para poner en jugada de gol al Chino Benítez en el tanto del Pichi Escudero y su grito que firmó delante de la multitud local: recibió de Perotti, amagó ante Vidallé adentro del área, lo gambeteó y tiró un puntazo de zurda ante el cierre del Tata Brown y Gugnali. Golazo para cerrar el resultado de un partido muy parejo.

• 27 de abril de 2014: último gol de Juan Román Riquelme de penal en el triunfo 4-2 sobre Arsenal

Primera parte muy intensa en La Bombonera entre el Boca de Carlos Bianchi y el Arsenal de Martín Palermo que parecía finalizar empatada hasta que Iván Marcone puso la mano en un tiro de esquina dentro de su área. Penal que resolvió Román con un tiro alto que ingresó por el medio del arco de Christian Campestrini. Boca pasaba a ganar y en los libros de historia se escribió como el último de los 92 goles convertidos con la azul y oro.

• 28 de abril de 1965: primer partido en La Bombonera de aquel torneo para Ángel Clemente Rojas con gol convertido para vencer a Central 2-1

El partido fue un disfrute para todos los presentes. Muchos jugadores aportaron su calidad al servicio del espectáculo. Boca hizo figura al Gato Andrada, arquero rival, durante el primer tiempo, pero tuvo el triunfo en riesgo hasta el pitazo final. Rojitas convirtió un golazo a los 21 minutos para sacar ventaja para el campeón vigente.

• 29 de abril de 2007: gran pared entre Riquelme, Palermo y Palacio y grito de Juan Román para pasar a ganarle a Racing por 2-1

Boca necesitaba un triunfo para no perderle pisada a San Lorenzo, líder del Clausura. Tres días antes se había logrado la clasificación a octavos de la Libertadores mediante un 7-0 a Bolívar y tres días después asomaba el Vélez de La Volpe por el duelo copero. Sin embargo, Miguel Russo apostó a titulares para el clásico ante La Academia que no tuvo el efecto deseado dado que, sobre la hora, un penal de Facundo Sava empató el partido, pero en todas las retinas quedó el tremendo golazo de Román, surgido de una pared en velocidad fantástica entre Palacio, Palermo y el propio 10 que definió cruzado para poner el 1-1 parcial.

• 30 de abril de 1981: golazo de Diego Maradona a Colón en La Bombonera

Noche de jueves muy apacible futbolísticamente ante uno de los peores equipos del Metro. Diego marcó un golazo para abrir el grifo de la goleada final, gambeteando de derecha a izquierda y con un zurdazo al palo del arquero Piccard. Antes y después, su despliegue y habilidad lo erigieron en la figura indiscutida de la noche.

• 30 de abril de 2006: dos goles, uno exquisito de taco para Federico Insúa en la goleada 4-0 sobre Estudiantes (La Plata)

El grito de bicampeón se asomaba por La Bombonera y, para ratificarlo, el equipo del Coco sometió con una goleada a un Pincha preocupado por la Libertadores. Superioridad de principio a fin con *peaks* de lujos con el Pocho Insúa a la cabeza. Su primer gol, a los 20 minutos, comenzó con pisadas sobre la derecha, combinó con Sebastián Battaglia y Rodrigo Palacio, quien lo dejó solo adentro del área para una definición notable de zurda. Mientras que el segundo de su autoría fue una jugada magistral de Palacio por derecha, puso el centro, a Federico se le fue larga, pero cuando parecía chance perdida, aplicó un taco que levantó los suspiros de toda la multitud.

CAPÍTULO 5

MAYO

• 1 de mayo de 1996: en la subasta realizada por el entonces presidente Mauricio Macri, Diego Maradona compró su mítico palco en La Bombonera

"Mauricio, no podemos perder ese lugar", le suplicaron Guillermo Coppola y Diego, pero la decisión fue tomada sin marcha atrás: "Lo voy a rematar. La única alternativa que les queda es participar de la subasta", replicó Macri. Hasta la demolición de los antiguos palcos de La Bombonera ubicados sobre la calle Del Valle Iberlucea, el astro y su representante tenían sus lugares asegurados en el número 17, lado sur, donde solían ver los partidos. La cita fue en la confitería del club. Sentados atrás de todos, estaban Maradona y Coppola, expectantes porque no hubiera oferta por el palco 1 sur, el que mejor vista tenía del estadio. El remate inauguró con una oferta base de 300 mil pesos convertibles a dólares. "¡305 mil!", grita un desconocido hasta entonces. "305 mil a la una, 305 mil a las dos, 305 mil a las tres. ¡Vendido al señor!", vociferó el expresidente de la Nación. Desalentados, la dupla se resignaba hasta que un desconocido les dijo al oído: "Muchachos, el palco es de ustedes". Era Oldemar Barreiro Laborda,

dueño de la empresa de rastreo de vehículos "Lo Jack". El empresario confesó que realizó la compra para acercarse comercialmente al 10.

• 2 de mayo de 1926: debut oficial de Roberto Cherro en la victoria 3-0 ante Dock Sud

La multitud que llenó cada espacio del viejo estadio de madera de Brandsen y del Crucero, convocada para el duelo ante Dock Sud, en calidad de visitante pese a jugar en casa, no sabía que eran testigos de un debut icónico para la historia del club. Roberto Eugenio Cherro fue titular en la victoria 3-0 sobre el Docke con goles de Garassini, Tezza y Elli.

• 2 de mayo de 1979: último gol de Osvaldo Potente en la victoria 3-2 ante San Lorenzo en La Bombonera

Osvaldo Potente indultado por Alberto J. Armando, luego de sus pasos por Rosario Central y The Strongest de La Paz, logró concretar un tercer y último ciclo con la azul y oro disputando 15 partidos con dos goles convertidos, ambos en el Metro de aquel año ante All Boys y este que sirvió para poner a Boca en ventaja ante San Lorenzo.

• 2 de mayo de 2007: golazo de Juan Román Riquelme para abrir la serie contra Vélez

Comienzo vertiginoso en el duelo de ida por octavos de final de la Libertadores entre Boca y Vélez en La Bombonera. A los nueve minutos, un ataque piraña boquense desarticuló al fondo fortinero y la pelota quedó rodando dentro del área para la llegada franca de Román que remató como si fuera un tiro libre en movimiento. Golazo, muy festejado porque en el banco rival se encontraba Ricardo La Volpe, quien había menospreciado su importancia dentro del campo. Fue victoria 3-0, ampliada por un cabezazo de Palermo y una improvisación mágica suya que terminó con Clemente Rodríguez fusilando a Sebastián Peratta.

• 3 de mayo de 1981: áspero empate 0-0 entre Ferro y Boca con Diego Maradona cercado por la marca verdolaga

El partido había despertado una expectativa mayor por lo que el estadio de Caballito desbordó de público. Sin embargo, todo fue cauteloso de ambas partes, donde jugaron a quien anulaba mejor al otro. En ese panorama, Diego también fue víctima de la telaraña de confusión total que las acciones mostraron a lo largo de los 90 minutos. En la tabla siguió todo igual: Boca puntero, Ferro cuatro puntos abajo y todos fumaron la Pipa de la Paz.

• 3 de mayo de 1992: primer Superclásico de Alberto Márcico

El gol de Diego Latorre con el que amaneció el partido, inconscientemente retrasó a Boca en el campo por lo que el Beto se convirtió en un volante sacrificado aunque no le impidió tener algunas intervenciones muy positivas, una de ellas en la gestación del tanto mencionado. En la etapa complementaria, con un trámite desfavorable, intentó unir el medio con el ataque, sintió el desgaste físico, festejó como loco de cara al jugador número 12 el empate definitivo y se fue reemplazado por Walter Pico, a falta de cinco minutos. El 2-2 dejó mejor sabor en todos los paladares *xeneizes*.

• 4 de mayo de 2008: gran maniobra y centro perfecto de Juan Román Riquelme para que Sebastián Battaglia con un cabezazo conviertiera el gol del triunfo ante River en La Bombonera

Un par de minutos antes, Juan Pablo Carrizo había ahogado el grito de gol de Rodrigo Palacio y toda La Bombonera, rechazando al córner un mano a mano con el bahiense. Ese tiro de esquina se demoró en ejecutarse. ¿Por qué? Había tomado la pelota Román, quien comenzó a dar instrucciones a sus compañeros de cómo pararse dentro del área. Corrió de la misma a Dátolo y a Palacio, quienes fueron acompañados por Leonardo Ponzio y Christian Villagra. El 10 sirvió un centro

perfecto para el salto de Sebastián Battaglia que acomodó su cabezazo junto al palo para pasar a ganar el Superclásico que terminó en festejos gracias a esa conquista.

- **5 de mayo de 1998: gol de César La Paglia para pasar a ganar en la cancha de Huracán y comenzar la histórica racha de 40 partidos sin perder**

El partido en la noche del Palacio Tomás Ducó parecía caminar hacia el empate. Sin embargo, una excursión ofensiva de Néstor Fabbri puso el 3-2 y, un minuto después, una corrida de Claudio Caniggia terminó con centro atrás que no pudo conectar Palermo, pero sí el Leche La Paglia, que colocó la pelota bien lejos del arquero tras un fallido cierre de Diego Padula. El triunfo no fue uno más pese a la mala campaña, dado que inició el camino del récord de 40 partidos invictos.

- **6 de mayo de 2012: primer partido como titular de Leandro Paredes en el empate 2-2 ante Atlético Rafaela**

En medio de la serie por octavos de final de Libertadores ante Unión Española, Julio Falcioni apostó a un equipo con nueve jugadores de inferiores para afrontar el compromiso contra Atlético Rafaela del torneo Clausura. Entre esos apellidos estaba la máxima promesa de inferiores a quien Claudio Borghi había hecho debutar un año y medio antes: Leandro Paredes aparecía como titular por primera vez con la misión de ser enlace entre el mediocampo y la delantera. Sin demasiadas participaciones para destacar, dejó su lugar a Enzo Ruiz para rearmar una defensa más sólida que estaba sufriendo la buena noche de Darío Gandín.

- **7 de mayo de 1989: Diego Maradona sorprendió en una entrevista al Diario Sur sobre sus deseos de regresar a Boca tras la Copa América de Brasil**

"Decile a ese rubiecito (por Marangoni) que vaya dejando la cinta de capitán que llego yo". La confesión de Diego tras un entrenamiento en Soccavo al periodista Jorge Búsico retumbó rápidamente en la Argentina. Maradona dejaba Nápoles para volver a Boca. Todos los medios desempolvaron sus goles de 1981 y se ilusionaron al compás de sus dichos que él mismo trató de desmentir, pero que generaron una presión sobre la dirigencia napolitana que prosiguió durante el receso con la oferta concreta del Olympique de Marsella y el retorno 40 días después de lo pactado a Italia envuelto en muchas polémicas.

• 8 de mayo de 2011: gol de tiro libre de Juan Román Riquelme a Argentinos Juniors

Se acababa el primer tiempo. Román había mirado varias veces al banco porque no se sentía bien, por ello Walter Erviti estaba calentando. Sin embargo, tiro libre ideal para su posición. Algunos futbolistas de Argentinos Juniors interpretaron que la falta debía cobrarse de manera indirecta. Al arquero, Nicolás Navarro, se le metieron los rayos del sol en los ojos. El 10 apuntó y sacó un remate bien colocado, pero sin tanta potencia que se metió pidiendo permiso en el arco de la calle San Blas. Gol festejado porque ponía un resultado amplio a un partido que en el segundo tiempo, el equipo de Falcioni se encargaría de regular.

• 9 de mayo de 2012: gol y gran partido de Juan Román Riquelme ante Unión Española en Chile

La revancha contra Unión Española en Santiago no aparecía como compromiso accesible. Sin embargo, la clase suprema de Román simplificó todo. Tiro libre a rastrón que cruzó toda el área para el gol de Insaurralde. Capturó un error insólito del defensor local, Jorge Ampuero, y le sirvió el 2-0 a Pablo Mouche. El tercero fue una obra maestra: contra mortal donde Mouche lo habilitó cuando ingresaba al área. A pura habilidad se sacó dos defensores de encima y definió suave por debajo del arquero Eduardo Lobos. El mejor Riquelme decía presente en el estadio Santa Laura.

• 10 de mayo de 1981: gol de penal de Diego Maradona para derrotar 3-2 a Rosario Central

Todos debieron ponerse el overol para sacar adelante un partido de los más complicados en las 18 fechas disputadas hasta entonces. Diego tuvo que soportar el roce salvaje de sus guardianes Gaitán y Chazarreta, pero frotó la lámpara con un pase de rabona maravilloso desde mitad de cancha que sorprendió hasta al mismísimo Morete que dilapidó la genialidad. El marcador parecía fijado en un 2-2 justo para el desarrollo del juego. No obstante, en la galera del 10 siempre hay algo más. Encaró por derecha ante el cruce de Gaitán que lo barrió y provocó su caída un metro adentro del área. Entre polémicas, Vigliano marcó el penal que fue ejecutado con precisión para sellar la victoria.

• 10 de mayo de 2001: gran actuación de Juan Román Riquelme con gol de cabeza ante Junior en Barranquilla por Copa Libertadores

Al acostumbrado calor de Barranquilla se le sumó la efervescencia de la fanaticada del Junior que repletó el Metropolitano con toda la expectativa de bajar al vigente campeón de América. El resultado fue cambiante, parecía que los locales podían quedarse con el partido de ida de octavos de final, pero apareció la magia de Román a la carta. Se hizo dueño de la pelota, conectó con Guillermo Barros Schelotto y Marcelo Delgado, amplificó la cancha para las subidas de Ibarra y Clemente, hasta que llegó su gol para empatar el juego: centro alto del mellizo para que en posición de 9 cabeceara limpio al arco desguarnecido. Minutos más tarde, el Chelo metió el tercero que enterró la ilusión de los locales.

• 11 de mayo de 2014: último partido de Juan Román Riquelme

Se respiraba aroma de ciclo terminado. Todos los presentes bajo una persistente lluvia así lo intuían, por eso no dejaron de cantar un minuto por él. La clara victoria sobre Lanús iba a ser anecdótica. Román, con el tanque lleno, dio una lección de fútbol durante 90 minutos cuyo *souvenir* fue el caño sin pelota a Carlos Izquierdoz. Luego vinieron meses de frustrantes negociaciones donde se consumó el adiós. El jugador más influyente de la historia *xeneize* puso dos vueltas de llave a su campaña en el club con 388 partidos oficiales, 92 goles convertidos y 11 títulos.

• 12 de mayo de 1974: Osvaldo Potente se describe como jugador en una nota con Osvaldo Ardizzone

Reflexiones de Patota en una nota íntima de la revista *El Gráfico*: "A medida que ganás experiencia te vas dando cuenta de que, pese a que todos queremos siempre la pelota, lo mejor es lo más simple, lo menos complicado. Yo empecé como ocho, me gustaba gambetear, pero luego descubrí que lo mejor era jugar con el panorama de la cancha, entonces, al ubicarme de 10 debo decidir rápido para evitar el achique. Los lujos son repentizaciones. Nadie lo espera, entonces lo tiro. ¿Mis goles de cabeza? Se los debo a Mané Ponce que me la pone justa en la cabeza, no tengo virtudes para eso, él sabe aprovecharme".

• 13 de mayo de 1926: gol de Roberto Cherro en la consagración ante Belgrano (Rosario) por la Copa Ibarguren

Había comenzado su camino hasta convertirse en el máximo goleador de Boca durante siete décadas con un doblete en la victoria ante El Porvenir, pero al final del torneo la Asociación anuló el partido por irregularidades del equipo de Gerli. Este gol de Roberto, que sirvió para empatar el partido, puede también considerarse como el primero oficial. Con el tiempo regular finalizado 2-2, los rosarinos se negaron a jugar el alargue por lo que Boca marcó un gol a través de Ángel Tazza y se quedó con la Copa en disputa.

• 13 de mayo de 1994: La Bombonera le cantó el feliz cumpleaños a Alberto Márcico

"La noche que la gente de Boca me cantó el feliz cumpleaños fue uno de los momentos más felices de mi carrera", recuerda siempre emocionado el Beto. "Señores, les pedimos un fuerte aplauso para Alberto Márcico que hoy está cumpliendo años". Desde los parlantes, la Voz del Estadio hizo la solicitud mientras los hinchas se retiraban luego de la sufrida victoria 2-1 ante Mandiyú. Primero llegó la ovación, luego el clásico "olé, olé, olé, Beto, Beto", para después cerrar con el "que los cumplas feliz". "En Toulouse cuando cumplí los 28 años me lo cantaron en francés, pero esto es algo que jamás voy a olvidar".

• 14 de mayo de 2010: último partido de Federico Insúa en la derrota 0-3 ante Banfield

"Pocho" fue su apodo por el parecido a su padre. Y su padre fue "Pocho" por sus semejanzas futbolísticas en los partidos barriales con Oscar Pianetti, histórico volante *xeneize* de los años 60. "Mi viejo es bostero de toda la vida y haber sido el 10 de Boca lo hizo inmensamente feliz". Aquella noche de dura derrota ante Banfield, por la última fecha del Clausura 2010, fue la última aparición de Insúa con la azul y oro. Su regreso un año antes para compartir con Riquelme la creación del segundo ciclo de Basile había despertado las mejores expectativas que no resultaron. Cerró su campaña con 79 partidos, 16 goles y cuatro títulos.

• 15 de mayo de 1999: golazo de tiro libre de Juan Román Riquelme a Estudiantes en La Plata

Noche de sábado con trámite durísimo en 1 y 57. Cuando se cumplían 41 minutos del segundo tiempo, Héctor Baldassi marca infracción para Boca en posición recta al arco. Román se acercó a la pelota, exigió la distancia reglamentaria de la barrera y clavó un derechazo perfecto en el ángulo de Chiquito Bossio. Tremendo golazo para pensar en un triunfo clave que se frustró por el gol de Bruno Giménez en el instante final.

• **15 de mayo de 2003: Carlos Tévez en posición de enganche jugó un partidazo en la victoria 4-2 sobre Paysandú como visitante**

La derrota 1-0 en la ida no daba lugar a especulaciones. Carlos Bianchi apostó al triángulo ofensivo entre Tévez, más retrasado, con Guillermo Barros Schelotto y Marcelo Delgado bien arriba. Y el apache mostró su mejor faceta en la humedad pegajosa del estadio Mangueirao de Belem a puro desequilibro, desmarque y guapeza ante los rudos defensores del cuadro local. La victoria con sabor a hazaña para clasificar a cuartos de final, con el tridente como figuras estelares, solidificó la idea del Virrey y fueron claves en la obtención de la quinta Libertadores.

• **16 de mayo de 2002: último partido del primer ciclo de Juan Román Riquelme en la derrota ante Olimpia en Asunción**

El duro equipo franjeado, a la postre campeón de aquella edición de la Libertadores, fue un escollo impasable para los sueños del tricampeonato de América. Román, que estaba en tira y afloje permanente con la dirigencia que ya lo daba como vendido al Barcelona pese a que su contrato no estaba resuelto, se lo notó desenfocado en ambos partidos de la serie y el equipo no encontró otras respuestas ofensivas ni en la frescura de Tévez ni en la experiencia de Abel Balbo. Con tristeza se cerró el primer ciclo de Román con la azul y oro. Europa esperaba por su talento.

• **17 de mayo de 2000: tiro libre perfecto de Juan Román Riquelme para igualar transitoriamente la ida de cuartos de final de Libertadores ante River**

Pese a algunas distracciones defensivas que habían provocado la desventaja, Boca no estaba jugando mal partido en la ida de cuartos de final ante River. Más precisamente, Román con su despliegue de talento era generador de *foules* cada vez que intentaba un ataque. Hasta que una infracción

sobre el Vasco Arruabarrena en el borde de la medialuna abrió la ilusión del público *xeneize*. Acomodó la pelota lo mejor posible en el barro, tomó distancia y sacó un tiro libre perfecto que dejó estático a Roberto Bonnano. Pese a la derrota final, ese gol fue determinante en el global de la serie.

• 18 de mayo de 2014: cierre del torneo Clausura con victoria 1-0 sobre Gimnasia con gol de Luciano Acosta

Para terminar en la cima de la tabla anual que otorgaba el discutido desempate ante Vélez para ingresar a la Libertadores del año siguiente, el equipo de Carlos Bianchi debía triunfar en el Bosque. Lo logró gracias al gol de Luciano Acosta en el amanecer del partido. Sánchez Miño recuperó en el círculo central y tocó de primera para la entrada franca de Luciano, que la dejó picar y tocó por arriba de Monetti para decretar 1-0 que sería el resultado definitivo.

• 19 de mayo de 1963: debut de Ángel Clemente Rojas ante Vélez en La Bombonera

Aquellos tiempos donde ir al fútbol significaba ver partidos de tercera, reserva y primera en una misma tarde, servía a los hinchas para detectar nuevos talentos. Por eso no sorprendió que el jugador número 12 pidiera a Ángel Clemente Rojas desde el propio inicio del campeonato. Además, un *crack* como Beto Menéndez lo definió como "un fuera de serie". Su primer análisis en la victoria frente Vélez fue más que aprobado. "Se mostró como un jugador dotado técnicamente y con una gran inteligencia para para moverse y buscar el claro oportuno. Hábil, generoso y de buen toque para el gol, participó en tres jugadas que terminaron dentro del arco", sintetizó *El Gráfico* sobre su debut bajo el título "¿Nació un idolo en Boca?".

• 19 de mayo de 1996: regreso de la lesión de Diego Maradona con pase gol lujoso a Néstor Fabbri en la victoria 4-1 sobre Argentinos Juniors

De aquel comienzo a todo vapor que fue interrumpido por un inoportuno desgarro a este Diego que le costaba su mejor forma física para tener la continuidad deseada. Tras 40 días sin jugar, fue titular en la goleada ante el casi descendido Argentinos y causó suspiros de admiración en la apertura del marcador cuando levantó la pelota y aplicó una tijera lujosa para ponerle el gol en la cabeza a Néstor Fabbri.

- ### 20 de mayo de 1981: "¿Maradona y Boca un amor imposible?", nota de *El Gráfico*

Cierre de la primera rueda del Metro 81 y el Boca puntero dejaba tela para cortar. Natalio Gorín lo entrevistó y Diego tomó el guante: "Solo un estúpido puede decir que no me gusta entrenar". "Yo noto más agresividad de los rivales desde que estoy en Boca. Física y verbal. Algunos me preguntan: '¿Vos vales diez palos verdes?'". "Con Marzolini tuve un roce al principio, después nos fuimos conociendo mejor". "No estoy jugando en mi mejor nivel, encima entré en una racha sin convertir, me siento en deuda con mi familia y la hinchada".

- ### 21 de mayo de 2008: gran conexión de Juan Román Riquelme con Rodrigo Palacio y Martín Palermo para los goles de la clasificación ante Atlas en Guadalajara

El Jalisco de Guadalajara fue testigo de una gesta boquense con fragancia copera. Román movió los hilos para sacar una rápida ventaja de tres goles en el primer tiempo, luego de un partido de ida que había terminado 2-2 con numerosos contratiempos. En el primer grito, recibió la pelota en tres cuartos de cancha y encontró una calle por dónde meter el pase ideal para que Palermo acompañara su ruta hacia el fondo de la red. 14 minutos después lanzó un pelotazo en campo propio al pique de Rodrigo Palacio, quien sirvió el segundo al Titán. Mientras que en el tercero combinó con Pochi Chávez, quien abrió el balón al Loco que selló la jugada con una hermosa vaselina ante un devastado Javier Bava. La clasificación a semifinales estaba abrochada.

- ### 22 de mayo de 1977: primer gol oficial de Mario Zanabria en la goleada 4-1 contra Gimnasia (La Plata)

La inteligencia tanto del Ruso Ribolzi como de Marito para aprovechar los piques endiablados del Heber Mastrángelo re-

sultaron claves para transformar en siete minutos un empate rutinario en victoria abultada. La conexión entre el 10 y el 7 resultó efectiva en el segundo y tercero con sendas habilitaciones definidas a lo *crack* por el nacido en Rufino. Para decorar el 4-1, fue Zanabria quien picó al vacío contra un rival totalmente expuesto para redondear la goleada.

• 23 de mayo de 2012: apertura de Juan Román Riquelme para Diego Rivero que generó el gol de la clasificación ante Fluminense en Río

Minuto final, todo parecía conducir a los penales para determinar quién pasaba a semifinales de la Copa Libertadores. No obstante, Román tomó la pelota cruzando la media cancha, eligió al Burrito Rivero para la descarga y el volante derecho logró sacar un remate que pegó en el poste, recorrió la línea y cuando ya gran parte de los bosteros del mundo había gritado el gol, Santiago Silva aseguró el tanto de la clasificación con el arco vacío. Un festejo de los más fuertes en la última década.

• 24 de mayo de 2000: caño eterno a Yepes, gol de clasificación y gran segundo tiempo de Juan Román Riquelme ante River por Copa Libertadores

El nudo que River sostenía con un planteo defensivo se hacía cada vez más duro. A pesar de esto, un pase de magia podía cambiar la historia y Román se llevó la pelota para la izquierda del ataque y metió un cambio de frente pasado para Delgado, que aprovechó un titubeo entre Yepes y Bonanno para empujarla con lo que fuera. Serie empatada, el trámite exigía más protagonismo y el 10 lo tomó para llevar a su equipo contra el arco visitante. Trotta levantó por el aire a Battaglia. Penal que hasta Ángel Sánchez cobró. Definición a lo maestro, homenaje a Maradona. La noche es de Boca. ¿Faltaba algo más? Recibió un pase de Marchant sobre la línea, pisó la pelota y caño de espaldas a Yepes que, como todo el estadio, no podía creer lo que había sucedido. Pelota defendida hasta que pudo. La Bombonera reventó en ovación. ¿Faltaba algo más? Se llevó la pelota para el lado de los palcos con el fin de que el reloj consumiera el tiempo adicional. Vio pasar como un rayo a Battaglia, se la puso larga y el Seba se la sirvió a Palermo para su gol histórico.

• 24 de mayo de 2007: golazo de Juan Román Riquelme a Libertad en Asunción para encaminar la clasificación a semifinales

Miró al banco con gesto de claro dolor muscular en una de sus piernas. El equipo lo necesitaba más que nunca porque en ese momento clasificaba Libertad por gol convertido en La Bombonera. Allí pareció que un rayo romántico, imperceptible, lo alcanzó en pleno césped del Defensores del Chaco. Entonces se sacó de encima a Christian Riveros y encaró hacia el área, se perfiló y sacó un derechazo raso, inatajable para Bava. Prosiguió su carrera para quedar de frente a los 12 mil bosteros que coparon Asunción con su típico gesto del Topo Gigio. Momento fundamental de la sexta conquista de América con Román protagonista exclusivo.

• 25 de mayo de 1994: cerró su campaña en el club Carlos Daniel Tapia

La cita en La Bombonera entre Boca y Real Madrid no había logrado la atención necesaria que dos gigantes causarían en otro ámbito que no fuese la Copa Iberoamericana disputada con jugadores no habitualmente titulares. De todos modos, quedó en la historia por ser el último partido oficial de Carlos Daniel Tapia con la azul y oro. Único jugador con cuatro ciclos en la historia del club, emblema de los años 80 y del Apertura 92. Totalizó 217 partidos oficiales y 47 tantos convertidos.

• 26 de mayo de 2021: con la 10 en la espalda, Carlos Tévez cerró su campaña internacional con Boca en la victoria 3-0 sobre The Strongest en La Bombonera

El partido se definió rápidamente con el golazo de Agustín Almendra y luego el encuentro colombiano entre Cardona y Sebastián Villa. Solo quedaba por saber el resultado final. Más allá de los rumores periodísticos que hablaban sobre la salida de Carlos Tévez, aquella noche fría de mayo nadie supuso que sería su último juego en La Bombonera y en competencias internacionales. Cerró su campaña con el equipo clasificado a octavos de final y la 10 reluciendo su dorsal. El punto final a una campaña espectacular estaba en el horizonte más cercano.

- ## 27 de mayo de 2012: tres pases gol en los tres goles de Boca ante Godoy Cruz por el Clausura

El primero: centro medido al área chica para la cabeza de Juan Manuel Insaurralde. El segundo: cambio de frente de Pablo Mouche, apareció solo dentro del área grande con tiempo y espacio para tocar con clase al gol de Darío Cvitanich. El tercero: recibió de Pochi Chávez sobre el vértice del área grande y preparó un pase como si fuera un tacazo de billar para que defininiera Mouche. Resultado final: Boca 3–Godoy Cruz 0, tres pases gol de maestro del 10.

- ## 28 de mayo de 2008: dos goles de Juan Román Riquelme para el empate 2-2 ante Fluminense por la ida de semifinales de la Libertadores

Una semifinal de Libertadores muy pareja entre la mística boquense y el brillo mostrado por el conjunto carioca durante la competición. Partido de ida en cancha de Racing por la suspensión de La Bombonera a causa de un hielo que cayó al final del *match* ante Cruzeiro. A Román estos partidos le ponían el *focus* a la máxima potencia. Sobre los 11 minutos armó la jugada con Palermo, que le puso una pelota con ventaja para Palacio que solo tuvo que centrar para la llegada de Román. Al ratito empató Thiago Silva con soberbio cabezazo, pero en el segundo tiempo otra vez comenzó a remar para buscar el segundo gol. Tiro libre cerca de la medialuna, se paró junto a Morel Rodríguez. Fue directo con su guante derecho para otorgarle un chanfle asombroso qué dejó sin asunto al arquero visitante. Ventaja que parecía decisiva hasta que un error de Pablo Migliore cerró el resultado en un 2-2 que la multitud boquense masticó con bronca.

- ## 29 de mayo de 2014: Luciano Acosta heredó la 10 de Román mientras negociaba infructuosamente su continuidad con la dirigencia

"Luciano tiene buen cambio de ritmo, buena pegada y hambre de gol: todas cualidades importantes en el fútbol moderno, aunque me hubiera gustado que midiera cinco centímetros más", así lo definió Carlos Bianchi en la conferencia de prensa previa a un Superclásico jugado en el Estadio Azteca. Con características totalmente diferentes a Riquelme, disputó 35 partidos y convirtió dos goles hasta ser transferido al DC United, donde tuvo grandes rendimientos y estableció una dupla muy productiva con el inglés Wayne Rooney.

• 30 de mayo de 2001: una gran noche de Juan Román Riquelme y de todo Boca para sentenciar el pase a semifinales de la Libertadores ante Vasco Da Gama

Román manejó bajo su batuta una actuación demoledora del cuadro de Carlos Bianchi que incluyeron golazos, como el de Matellán de chilena, o contraataques perfectos como el de Delgado o la jugada que terminó con el penal convertido por Guillermo Barros Schelotto. Una exhibición que La Bombonera gozó al máximo para clasificar a semifinales de la Libertadores ante un rival que hasta ese momento era el cuco del torneo.

• 31 de mayo de 1931: Roberto Cherro fue titular en el debut de la era profesional ante Chacarita

Primer partido *xeneize* en la historia del profesionalismo donde no pudo quebrar el cero del arco funebrero, pese a la dupla goleadora con Pancho Varallo que debutó aquella tarde invernal en La Boca. Una nueva era comenzaba para el fútbol argentino.

• 31 de mayo de 1992: primer título oficial en Boca para Alberto Márcico

La Confederación Sudamericana de Fútbol ideó la Copa Master para reunir a los cuatro campeones de la Supercopa. El estadio de Vélez fue la sede y Boca venció en primera instancia a Olimpia por 1-0, con gol de Roberto Cabañas y en la final se enfrentó a Cruzeiro que había eliminado a Racing. Con goles de Diego Soñora y Alejandro Giuntini, el equipo de Tabárez se impuso por 2-1 y determinó el primer título del Beto Márcico a dos meses de su llegada al club. "¿Que significa esta Copa? Un regalo para la gente, pero sabemos que ellos quieren un campeonato local".

• 31 de mayo de 1998: gran pase de Juan Román Riquelme para Martín Palermo en la goleada 4-0 sobre Gimnasia y Tiro (Salta)

Fecha 18 del Clausura. La escasa concurrencia en La Bombonera para un partido sin atractivos fue testigo del debut de Sebastián Battaglia, del último partido de Claudio Caniggia con la azul y oro y de un pase gol de Riquelme a Palermo que pronto se convertiría en marca registrada. Detrás del círculo central, Román levantó la cabeza y apuntó al grandote que picaba al vacío. La potencia goleadora del Loco hizo el resto, tocando de zurda sobre la salida del arquero Bubby Manchado.

CAPÍTULO 6
JUNIO

- **1 de junio de 1995: reuniones y acercamientos para el regreso de Diego Maradona a Boca. El principal contrapunto era la idea de técnico y jugador que tenía el astro**

"Nadie más que nosotros lo quiere a Diego en el equipo. La dificultad radica en sus objetivos: coincidimos en que llegue como jugador pero no como entrenador, algo que no estamos buscando", remarcó en diferentes notas periodísticas el vicepresidente, Carlos Heller. "Nosotros queremos que venga a jugar, no como técnico, donde tenemos a Marzolini con un contrato firmado", fue más temperamental —como acostumbraba— don Antonio Alegre. Diego, por su parte, había mantenido reuniones con Pelé en Río de Janeiro para ser técnico y jugador del Santos, pero no avanzaron demasiado. "Boca tiene técnico y me parece que hace bien en respaldarlo. Pero yo tengo mi palco para ir a ver al equipo cuando quiera que no me responsabilicen a mí sobre que paso la presión a los jugadores. Marzolini ya es grande, está vacunado y no lo quiero echar", declaró en Radio Rivadavia.

• 2 de junio de 1940: gol de Bernardo Gandulla para asegurar el triunfo ante Newell´s en la inauguración oficial de La Bombonera

Por la novena fecha del campeonato, Boca estrenaba La Bombonera en partidos oficiales. Más allá de la fiesta popular, debía asegurar un triunfo para mantenerse arriba en las posiciones. El 2-0 sobre Newell's, con goles de Ricardo Alarcón y Bernardo Gandulla, fue suficiente para acompañar desde el césped el jolgorio del jugador número 12.

• 3 de junio de 2012: golazo de tiro libre de Juan Román Riquelme por las semifinales de la Copa Argentina

Pese a su favoritismo claro sobre el sorprendente Deportivo Merlo, Boca no había logrado mostrarlo dentro del césped del Bicentenario de Catamarca. Para destrabar el cero, hubo que recurrir a la magia. Román, cerca de la medialuna en posición para zurdo, cruzó perfecto el tiro libre al ángulo superior derecho. El digno rival logró el empate sobre el final, con lo que la presión en los penales por ser el favorito era muy grande para los jugadores *xeneizes*. ¿Había algún remedio para descomprimir? Claro, que el primer penal lo ejecutara el 10, que se paró y la picó como para dejar en claro que todo estaba bien. El equipo pasó a la final de la Copa Argentina que ganaría sin Román en cancha, pero que representaría su último título como jugador del club.

• 4 de junio de 1967: doblete de Ángel Clemente Rojas para la victoria ante Colón en Santa Fe

Boca logró justificar la diferencia de tres goles en el resultado final gracias a la contundencia y genialidades de Rojitas que solo se detuvieron por las constantes infracciones de los defensores sabaleros. Para todo el plantel dirigido por Alcides Silveyra, tanto el resultado como la actuación del segundo tiempo resultó tranquilizadora debido a que el equipo estaba atravesando una realidad de rendimientos muy bajos tanto individual como colectivamente.

- **5 de junio de 1981: doblete de Diego Maradona a Platense en la goleada 4-0**

Boca y Diego se debían una actuación como la de aquel viernes en el Amalfitani. El equipo fue demoledor de principio a fin, reconocido por propios y extraños: "Nos superaron totalmente, no nos dejaron mover", reconoció el defensor calamar Jorge Guyón y por fin pudo abrochar dos victorias al hilo que no acontecían desde abril. El 10 también dejó su firma en las redes con un doblete muy festejado: "Grité los goles como loco. Por mi familia y por la hinchada de Boca, estaba desesperado por demostrar que estaba bien", confesó en vestuarios. El primero empujó de zurda un centro cruzado desde la derecha y el otro soltando como una lágrima un penal a los 36 del primer tiempo.

- **6 de junio de 1999: Juan Román Riquelme se consagró bicampeón local**

Román fue un protagonista clave en la saga de títulos locales del primer ciclo de Carlos Bianchi. Dueño del equipo, además marcó goles importantes durante el Clausura, gracias a su constante presencia en el área contraria. Aquella tarde la derrota 4-0 ante Independiente cortó la racha de 40 partidos sin derrotas, pero no fue problema para consagrarse bicampeón de la temporada 98/99.

- **7 de junio de 2007: golazo de tiro libre de Juan Román Riquelme a Cúcuta Deportivo para enderezar la semifinal de Libertadores**

La noche de la niebla quedó en la historia grande de las campañas boquenses en la Copa Libertadores. El cuadro colombiano fue un duro rival hasta que, una vez más, el talento superior de Román los dejó *groggy*. Se acababa el primer tiempo cuando apareció la oportunidad del tiro libre. La Bombonera repleta olió sangre y quedó a la expectativa de la nueva pintura del genio. El 10 le dio fuerte y combado con su guante derecho para poner a Boca en ventaja. Faltaba un gol para volcar la serie a favor, algo que más tarde se encargaron

primero Martín Palermo de arremetida entre las nubes bajas y un cabezazo certero del Seba Battaglia, tras un centro suyo desde la derecha que selló la clasificación a la final.

- **8 de junio de 1975: gol de Osvaldo Potente que dio la victoria 1-0 sobre Unión de Santa Fe por el Metro**

Aquel Unión del Toto Lorenzo que revolucionó Santa Fe llegó a La Bombonera con la única idea de neutralizar a los creativos *xeneizes*. El Chapa Suñé fue el ejecutor de esa idea que resultó casi efectiva de no ser por un tiro de Patota entrando al área grande que el Loco Gatti no supo retener ni rechazar, mientras la pelota muy lentamente ingresaba a su arco. Fue el gol del triunfo dentro de un partido muy mediocre.

- **9 de junio de 1996: último gol de jugada de Diego Maradona para sentenciar el 2-0 ante Belgrano**

No había sido fácil la tarde para Diego, desde otro penal errado hasta no prevalecer con su talento ante un rival de pocas luces. Hasta que cuando faltaban diez minutos metió un centro cerrado para que Manteca Martínez quebrara la paridad. A segundos del pitazo final corrió un pelotazo alto, la dejó picar y desde el vértice del área le dio de zurda para meterla por encima de César Labarre. Golazo, emoción, griterío infernal en La Bombonera que festejó a la par de su ídolo.

- **10 de junio de 1971: doblete de Ángel Clemente Rojas para levantar un 3-1 sobre River en la cancha de Racing**

El trámite fue muy desfavorable contra un rival mecanizado y agresivo que puso a Boca contra las cuerdas casi todo el partido. Pero los duendes de la mística *xeneize* se corporizaron en el máximo ídolo y la que salió contenta del Cilindro fue la masa azul y oro. Del 3-1 con sensación térmica de cachetazo histórico al centro de Silvio Marzolini para Savoy, quien se la sirve a Rojitas para el descuento. Recuperación alta de Suñé, la metió Rogel en el área, error compartido de Carballo y Pellerano al rechazar y Ángel Clemente se metió con pelota y todo. Delirio desatado en Avellaneda que premió el esfuerzo del Chapa, de Silvio, de Rogel, los chispazos de Rojitas y las salvadas de Rubén Omar Sánchez.

• 11 de junio de 1995: Diego Maradona presenció desde los palcos la derrota de Boca ante Belgrano ya anunciado como nuevo jugador de Boca

Vivió los 90 minutos a *full*, como un hincha de la popular pero sentado junto a Claudia desde los viejos palcos de La Bombonera. Diego se hacía presente como tantas otras veces desde que continuó su carrera profesional en Europa, pero esta vez fue como jugador confirmado de Boca para cuando finalizara la suspensión que cumplía tras el *doping* positivo en el Mundial de Estados Unidos. "Yo sé que la gente tiene miedo de que no termine mi contrato como en Sevilla o Newell´s, pero esto es distinto, estoy regresando a casa, a cumplir un sueño. Quiero jugar el campeonato completo, que la gente diga ´qué bien está Diego, juega todos los partidos´. Mi mayor responsabilidad es cumplirle a Boca", señaló en diferentes notas radiales.

• 12 de junio de 1991: gol de Carlos Daniel Tapia en la victoria 2-1 ante Mandiyú en Corrientes

Abrió la noche recogiendo un rebote perdido sobre la línea del área grande que remató de zurda para vencer al Flaco Cousillas. Minutos más tarde devolvió con maestría una pared en velocidad para que Chiche Soñora estirara la diferencia. El vital aporte del Chino fue una de las claves de la trabajosa victoria en la capital correntina que tuvo al Mono Navarro Montoya como protagonista excluyente para sostener el resultado.

• 13 de junio de 2001: Juan Román Riquelme tuvo una brillante noche de Copas con gol incluido ante Palmeiras en Parque Antártica

Fue su unipersonal más lujoso y efectivo, aunque otros también estuvieron a la altura de lo mostrado en la noche hostil del Parque Antártica. Un motivo para elegir este par-

tido contra Palmeiras puede ser la instancia decisiva y sobre todo el ambiente en contra. Román fue el dueño de la pelota entre los mordiscones de los guardianes del verdao que nunca supieron ni pudieron neutralizarlo. El segundo gol *xeneize* fue la cumbre de la noche cuando la llevó desde la mitad de cancha sin dudar hasta la puerta del área donde decidió un derechazo cruzado. Dos llegadas muy aisladas de los locales llevaron la definición a los penales, donde también cumplió con su misión de convertir. El Román de Don Torcuato había escrito una página de gloria.

• 13 de junio de 2007: actuación superlativa de Juan Román Riquelme con gol incluido de tiro libre ante Gremio por la primera final de la Libertadores

El 3-0 de la primera final de aquella Libertadores tuvo la mejor explicación en el último cuarto de hora jugado por Román. Hasta allí había sido un partido duro, equilibrado y con chances para ambos equipos. El hombre de más que tuvo Boca para casi cerrar la serie no fue por la roja a Sandro Goiano sino un Riquelme recargado. Tiro libre cerca del área, amagó con Claudio Morel Rodríguez y sacó un derechazo recto, al ras del piso, imposible para Saja. Sobre el epílogo dibujó a puro amague y gambeta una maniobra fantástica cuyo remate fue desviado por el arquero argentino del tricolor, pero del rebote Palermo tiró el centro para que Ledesma lograra cabecear casi desde el piso. La pelota dibujó una extraña parábola, pegó en el defensor Rui Patricio y se metió.

• 14 de junio de 2000: primera final de Libertadores de Juan Román Riquelme

La final de La Bombonera fue tensa, con Boca empeñado en ser protagonista ante un rival con oficio que enjauló las intenciones de creación de Román, quien se aisló en varios pasajes del partido, a tal punto que Carlos Bianchi incluyó a César La Paglia en el complemento para que construyeran más fútbol desde el mediocampo y en contacto con Guillermo y Palermo. El resultado final 2-2 dejó preocupados a todos de cara a la revancha en San Pablo.

• 15 de junio de 1975: gol de Osvaldo Potente en la victoria 3-2 sobre San Lorenzo en Parque Patricios

Boca estaba arriba en el marcador desde los 12 minutos por intermedio de Héctor Bailetti. Más allá de sufrir la expulsión de Marcelo Trobbiani, el partido continuaba bajo su dominio, por eso no sorprendió el segundo gol: pelotazo cruzado del Chino Benítez para el ingreso libre de Potente que definió por debajo del cuerpo del arquero Petrocelli. En el momento justo, se amplió la ventaja que se esfumó en tres minutos durante el complemento, pero un penal de Nicolau rescató los dos puntos que viajaron a La Boca.

• 16 de junio de 1996: incidente de Diego Maradona con Javier Castrilli en el Vélez Boca

Boca estaba aplastando al Vélez de Bianchi al compás de un Diego que tiraba magia como en sus mejores épocas. La multitud deliraba y pensaba que era el partido bisagra para por fin acercarse al título local tan deseado. Sin embargo, todo se rompió en un instante. El juez de línea, Alberto Barrientos, convalidó un gol de Pandolfi que no había ingresado y los nervios se apoderaron de los jugadores *xeneizes*. Para colmo, Javier Castrilli otorgó, sobre el final del primer tiempo un tiro libre e instantes después un penal polémico para el local, convertidos por José Luis Chilavert. Y la hecatombe se desató: en la popular de Boca hubo un intento de derribar el alambrado, mientras el Sheriff mostró tarjetas rojas a Diego (lo expulsó porque lo señaló como instigador de los incidentes) y a Néstor Fabbri. "¿Usted está muerto, maestro? ¿No podemos hablar como hombres?, Explíqueme, yo soy jugador". El 10 buscaba respuestas ante un árbitro totalmente mudo. "Armando no te va a contestar", intentó apaciguarlo Navarro Montoya. "Entonces es un hijo de p...", cerró el diálogo y se fue para los vestuarios.

• 17 de junio de 2017: fundamental gol de Ricardo Centurión en Mar del Plata ante Aldosivi con la espalda

Sin ser un enganche clásico, Ricky lució la 10 en aquella temporada 16/17 con aportes desequilibrantes utilizando toda la gama de lujos y gambetas. En Mar del Plata, Boca debía ganarle a Aldosivi para sellar el título. Tras el gol de Pavón, una jugada que parecía simple terminó con su grito: toque atrás para el arquero Vega cuyo rechazo pegó en la espalda de Centurión y se metió sin escalas en el arco. En la fecha siguiente, gracias a la victoria de Banfield ante San Lorenzo, aquel equipo de Guillermo Barros Schelotto se proclamó campeón.

• 18 de junio de 1971: debut de Osvaldo Potente y último gol de Ángel Clemente Rojas para derrotar 2-1 a Banfield en La Bombonera

"Solo tuve cinco minutos de nervios, después fue como si hubiera jugado siempre en la primera. Mi puesto es 10, pero en función de delantero. Mi fuerte está en el área. ¿Lo demostré hoy con el gol, no?", fue la tímida declaración postpartido de Patota, que rompió el cero a los 33 minutos. Luego del empate del Taladro, Rojitas se anotó como goleador de la noche con su último grito con la azul y oro.

• 18 de junio de 1995: gol de Alberto Márcico para dar vuelta el Superclásico de la fecha 18 del Clausura

Boca salió a comerse a River en el inicio del segundo tiempo. El empate conseguido rápidamente por Saldaña resultó fundamental para aumentar aún más el ritmo demoledor. Tres minutos más tarde, jugada de Pico por derecha, el Beto recogió el rebote en Burgos y la tomó de lleno con su derecha para pasar a ganar el Superclásico. Un partido que solo se jugó para cumplir terminó quedando en el recuerdo grande por los cuatro gritos del jugador número 12 en el Monumental.

• 19 de junio de 1981: después del maltrato sufrido en Santa Fe, Diego Maradona entrenó diferenciado pero garantizó su presencia ante San Lorenzo.

"Fue una distensión en la cara posterior del muslo izquierdo.

Hoy jugué el picado sin problemas y me quedé practicando tiros libres con el Flaco Rodríguez, solo sentí leves molestias, algo normal. El domingo juego seguro". Así le comentaba Diego al *Diario Clarín* sobre su semana donde entrenó aparte luego del severo juego brusco al que fue sometido en la cancha de Unión de Santa Fe y tranquilizaba a los hinchas que sería titular ante San Lorenzo.

• 20 de junio de 2007: dos golazos de Juan Román Riquelme y la sexta Libertadores de Boca en las vitrinas

El ambiente adverso del Olímpico de Porto Alegre se fue apagando a medida que corrieron los minutos. No obstante, faltaba ese golpe final y nadie mejor que Román para aplicarlo. Recibió el pase de Hugo Ibarra y sobre el vértice del área sacó un derechazo seco, recto, imposible para diez arqueros juntos. Golazo que sellaba la sexta consagración americana. El postre llegó minutos después cuando abrió hacia la derecha para que definiera Rodrigo Palacio, pero Saja logró salvar el tiro del bahiense. Del rebote, el 10 la tocó con el arco vacío, para redondear una Libertadores que siempre tendrá como primer recuerdo su rendimiento sobresaliente.

• 21 de junio de 1981: gol de tiro libre de Diego Maradona a San Lorenzo en la goleada 4-0

Se presentó en el partido con un pase de pecho que habilitó a Osvaldo Escudero para el 1-0 parcial. El resto del partido fue sometido con 12 infracciones repartidas entre los rudos volantes y defensores azulgranas (Moreno recibió la tarjeta roja por un golpe artero en la rodilla del 10). Sobre el epílogo, Duccatelli cobró tiro libre en posición para un derecho, pero no hubo problemas para que dibujara una rosca perfecta por el costado de la barrera para cerrar el 4-0. "Había pedido que me tiren la pelota siempre, por eso pude entrar mucho en juego con bastante movilidad. Le prometí a mi papá un gol por ser el Día del Padre y pude cumplirle, por eso lo grité tanto", declaró tras el *match*.

- **21 de junio de 2000: Juan Román Riquelme convirtió su penal en la serie que definió la Libertadores contra Palmeiras**

"Estamos muy felices. En Buenos Aires nos daban por perdedores y haber ganado la Copa es lo más importante de este ciclo", con dedicatoria a los que auguraban una noche de frustraciones, Román abrió la conversación tras levantar su primera Copa Libertadores en el estadio Morumbí. Cruzó palabras con Diego Maradona: "Venite al vestuario, al hotel o al avión con nosotros para festejar". Boca había consumado una hazaña al derrotar como visitante al campeón vigente con un juego a la altura del compromiso. El 10 tuvo chispazos de calidad y una ejecución magnífica de su penal, como le dijo Diego: "El arquero no salió ni en la foto". Noche de máxima gloria para el equipo que devolvió el máximo trofeo continental al club tras 22 años de espera y además marcó un antes y un después en su carrera futbolística.

- **22 de junio de 2005: designado 48 horas antes como vicepresidente, Diego Maradona tomó la primera decisión fuerte al contratar a Alfio Basite como DT**

"Si tengo que elegir, elijo a Basile, no tengo ninguna duda. Él está por encima de otros, al menos de los candidatos que se mencionan", disparó Diego Maradona como primera medida en su cargo de vicepresidente a cargo de las decisiones en fútbol, cuando los rumores señalaban a Julio César Falcioni como reemplazante de Jorge Benítez: "Es un cargo en el que voy a poder hablar y decidir. El puesto de 'mánager' es muy nuevo en Argentina, así que con Macri preferimos poner el cargo de vicepresidente"; además advirtió: "No voy a ser un vicepresidente de escritorio. Voy a ser un vicepresidente que esté con el delantero Martín Palermo y con todos los muchachos que se queden", afirmó.

- **23 de junio de 1963: primer gol de Ángel Clemente Rojas para la victoria 1-0 ante Gimnasia (La Plata)**

El gol desinfló la angustia en las tribunas de una Bombonera que alentaba sin cesar a un equipo que no le encontraba la vuelta al planteo conservador de Gimnasia. Un buscapié de Silveira que rebotó entre varios defensores logró ser rechazada por Minoían, el arquero visitante, pero Rojitas parado al lado solo tuvo que empujarla a la red desde el área chica.

• 24 de junio de 1973: tres goles de Osvaldo Potente para derrotar 4-1 a Huracán, el futuro campeón del certamen

Su desempeño mereció un 10, no solamente por la tripleta convertida ante el mejor equipo argentino del momento. El Cabezón mostró destellos lujosos en una victoria resonante que hizo delirar a La Bombonera. En el primer gol, refrendó aquello que sus cabezazos se potenciaban por los centros a medida que le servía Mané Ponce. Repitió con un frentazo al arco sin defensas, tras pase atrás de Curioni. Firmó el tercero, luego de una vigorosa jugada de Vicente Pernía que escaló por la derecha y cruzó el centro para que la tocara suavemente de zurda frente a la salida de Roganti.

• 25 de junio de 1944: gol de Jaime Sarlanga para doblegar a Estudiantes en el camino hacia el bicampeonato

La vuelta de Severino Varela al equipo titular fue la gran noticia en la previa de un partido que se debía ganar para continuar cerca de River. El oriental conquistó el segundo gol, mientras que Jaime Sarlanga aportó el tercero sobre el cuarto de hora de la segunda etapa cuando ambos equipos ya estaban con un jugador menos. El Pincha resultó un oponente difícil que recién bajó los brazos cuando José Manuel Marante de tiro libre cerró con llave el resultado.

• 26 de junio de 1963: debut copero de Ángel Clemente Rojas ante Universidad de Chile en La Bombonera

La tarde en La Bombonera mostró a dos Boca muy distintos. En el primer tiempo, jugando con la camiseta del Milán

debido a que la tradicional guardaba mucha similitud con la de su rival, mostró confusión y poca inventiva, mientras en los 45 minutos finales, luciendo una casaca amarilla, consiguió rápidamente el gol de ventaja por intermedio de Alberto González, levantó el rendimiento de la mano de Rojitas que proporcionó movimientos de fantasía, pero a la vez efectivas del partido. Gambetas, frenos, cintura, precisión en velocidad que contagiaron al resto de sus compañeros para derrotar al histórico ballet azul de los chunchos.

• 27 de junio de 1973: gol de Osvaldo Potente en el 5-2 sobre River en La Bombonera

El gol de Patota pasado el cuarto de hora del segundo tiempo quebró definitivamente el resultado y lo encaminó a una goleada histórica ante el eterno rival en La Bombonera. Mané Ponce recibió un toque de Curioni a la salida de un córner y probó un zapatazo envenenado que se le escurrió de las manos a Perico Pérez hacia donde estaba Potente para arremeter contra el arco. La lluvia helada de la noche invernal fue agua bendita para los corazones *xeneizes*.

• 28 de junio de 1981: gol de emboquillada de Diego Maradona ante Independiente para empatar el partido

"A Maradona siempre hay que dársela". Eso habrá pensado Ariel Krasouski cuando sacó el pelotazo alto que parecía controlado por los eficientes, hasta entonces, Enzo Trossero y Carlos Goyén. El mal cálculo del arquero permitió que Diego cortara la trayectoria en el aire y sin la oposición del uruguayo, la calzó con todo el empeine, desde abajo, para meterla de emboquillada sobre el cierre desesperado de Trossero: "Cuando Goyén no puede amortiguarla con el pecho se la pellizqué, pero lo más difícil fue pegarle por arriba y bien alto porque la pelota me quedó muy atrás", describió el 10. El empate cerró una tarde donde al equipo de Marzolini todo se le hizo cuesta arriba.

• 28 de junio de 2001: Juan Román Riquelme decisivo en la conquista de la cuarta Libertadores de Boca

Su presencia fue decisiva para toda la campaña que consagró al bicampeonato de América. El equipo de Carlos Bianchi siempre jugó al ritmo que él impuso, se destacó con actuaciones brillantes ante rivales poderosos y en las finales ante Cruz Azul se encargó de monopolizar la pelota para desenchufar a la Máquina Cementera. En la fiesta preparada en La Bombonera para la revancha, Román salió a cerrar rápidamente la serie e hilvanó una jugada fantástica eliminando al mexicano que se le pusiera enfrente. Lamentablemente, el toque final salió mordido, lejos del arco. En la definición por penales aseguró el suyo y quedó el recuerdo de esa plegaria al límite de los nervios en pleno campo de juego, mientras se ejecutaban los remates que le otorgarían a Boca su cuarta Copa Libertadores, la segunda en su vitrina personal.

- **29 de junio de 1996: centro perfecto para el gol de Fabbri y otro penal errado en la victoria ante Central 1-0 en el Gigante**

Tras el escándalo contra Javier Castrilli en el Vélez-Boca, Diego retornaba a la titularidad luego de haber cumplido la fecha de suspensión impuesta por el Tribunal de Disciplina. Justo a diez años de su consagración mundial en México, con su fútbol empujó a todo el equipo contra el arco de Hernán Castellanos, hasta que el arquero le contuvo otro penal gracias a un doble rechazo asombroso. El 10 no bajó los brazos, generó un *foul* cerca del área, metió un centro con rosca potente que estalló en la cabeza de Néstor Fabbri para el gol que definió la historia.

- **30 de junio de 1991: se estrenó en La Bombonera la bandera gigante con la leyenda "GRACIAS DIEGO A MARADONA" donada por la obtención del Clausura 91**

Tras la suspensión en Italia y los sucesos policiales en Buenos Aires, Diego se recluyó en las islas del Tigre, donde alternaba rutinas de entrenamiento en la zona de los bosques de Palermo, sin apariciones públicas. Cuando Boca se consagró ganador del torneo Clausura, hizo fabricar una bandera gigante que cubrió todas las tribunas de Casa Amarilla. "GRACIAS DIEGO A MARADONA" dedicada como dejó trascender "para la gente y los jugadores de Boca", con un corazón en su centro, más bien dicho, su corazón.

CAPÍTULO 7

JULIO

- **1 de julio de 1973: dos goles de Osvaldo Potente en la goleada 7-1 sobre All Boys**

Hacía 30 años que Boca no metía 16 goles en tres partidos. La topadora ofensiva azul y oro masacró al Albo. Patota clavó dos derechazos desde 40 metros —uno en el arranque de cada tiempo—, participó con sutilezas en el resto de los gritos de la tarde, formó sociedad con el Tula Curioni y desparramó toda su clase superior al servicio de un equipo contundente. "Ahora se llama Osvaldo Talento" tituló *El Gráfico* a su espectacular momento.

- **2 de julio de 1967: último gol de Norberto Menéndez en el 1-1 ante Atlanta en Villa Crespo**

El segundo tiempo fue todo de Boca. Se adelantó en el campo con voluntad y corazón, despertó Rojitas exhibiendo sus trucos de magia al servicio del equipo y se asoció con el Beto, quien antes del cuarto de hora empató el partido mediante un centro cruzado de Pocho Pianetti que Menéndez empujó de cara al arco.

• 2 de julio de 2011: se descubrió en La Bombonera la estatua de Juan Román Riquelme

A Román lo desbordó la emoción. Varias veces tuvo que cortar su mensaje inicial de agradecimiento a raíz de las lágrimas. Le agradeció al padre por hacerlo "bostero" y a "todos los locos que idearon este monumento y la gente que me acompaña. Soy bostero como ustedes, saben que juego como jugador y como hincha", la ovación tapó sus últimas palabras. El monumento fue realizado por la artista marplatense Elizabeth Eichhorn.

• 3 de julio de 1995: Alberto Márcico convierte otro gol a River por un amistoso jugado en Mendoza

Boca se quedó con otro superclásico durante el receso por la Copa América. Días después del 4-2 en el Monumental volvió a dar vuelta el resultado con un cabezazo pleno de Julio Saldaña y el Beto cambió por gol un penal promediando la segunda etapa.

• 4 de julio de 2012: Juan Román Riquelme cerró su ciclo con la frase "estoy vacío", tras perder la final de la Libertadores ante Corinthians

"No sé si le he dado mucho, poco o nada. Pero estoy vacío, no tengo más por dar. He vivido para el fútbol, vivo para el fútbol. No tengo más nada para darle al club. Hoy di lo máximo", expresó Román en el vestuario triste del Pacaembú. "He sentido cosas muy hermosas durante este semestre y ahora solo quiero ir a mi casa, abrazar a mis hijos, comer asados con mis amigos. Le pediré perdón a mi hijo por no llevarle la copa", cerró casi entre lágrimas.

• 5 de julio de 1981: golazo de Diego Maradona a River en el 1-1 del Metro

Dominó con zurda el rebote en Fillol, la corrió hacia afuera y con la "de palo" la puso por arriba de todos y metió adentro del arco a Tarantini en su intento de rechazarla. Otra firma de Diego en su segundo Superclásico oficial: "Lo pasé al Pato llevándomela con la zurda y con la derecha la mandé adentro. ¿Si tiré al arco? Claro que sí", describió el 10 en vestuarios.

- **6 de julio de 1985: gran actuación y gol para Carlos Daniel Tapia en la victoria 3-1 sobre Racing de Córdoba por la fecha 1 de la temporada 85/86**

En el reestreno de La Bombonera tras años con pocos partidos disputados entre clausuras y problemas estructurales. Tapia se sumó a la fiesta de la gente con el primer grito desde un tiro libre perfecto de zurda al ángulo derecho de Manuel Serrano: "Jugamos un primer tiempo impresionante, me gustó muchísimo. Lástima que no pudimos mantener ese tren, debemos aprender a regular mejor los partidos", expresó muy feliz luego del partido la gran figura de la tarde.

- **7 de julio de 1993: Jorge Habbegger juntó a Carlos Tapia y al Beto Márcico en la formación inicial del partido ante San Pablo por la Copa de Oro**

La Copa de Oro Sudamericana fue un torneo que reunió a los campeones CONMEBOL de cada último torneo disputado: San Pablo (Libertadores), Cruzeiro (Supercopa), Atlético Mineiro (Conmebol) y Boca (Máster). En la serie de semifinales tocó el campeón vigente de América e Intercontinental, dirigido por Telé Santana, que sufrió varias bajas por tener jugadores en la Copa América llevada a cabo en Ecuador. En la ida disputada en La Bombonera, el profesor Habbegger encargó la creación a la dupla integrada por el Chino y el Beto como había sucedido a lo largo del Apertura obtenido siete meses antes. Fue triunfo 1-0 con gol de Manteca Martínez.

- **8 de julio de 2015: Juan Román Riquelme revolucionó con su presencia el partido homenaje a Sebastián Battaglia**

Gran parte de los campeones de la Libertadores 2000, 2001, 2003 y 2007 se juntaron en La Bombonera para home-

najear al que más títulos había cosechado con la azul y oro: Sebastián Battaglia. El público que colmó cada rincón de La Bombonera gozó la nostalgia por ver aquellos jugadores que llevaron a la gloria máxima. La presencia de Román fue especial, justo un año después de su salida. Recibió todo el cariño de la gente y además se divirtió con sus excompañeros, como cuando detuvo el partido para felicitar por un caño a Martín Palermo.

• 9 de julio de 1998: comienzo con gol de Juan Román Riquelme del ciclo de Carlos Bianchi ante Central en Rosario

Una semana después de que Carlos Bianchi asumiera formalmente como entrenador en la Posada de los Pájaros de Tandil, llegó el primer amistoso que se disputó en el Gigante de Arroyito ante Central. El comienzo arrasador del equipo dejó grata impresión entre el público presente en la tribuna visitante y quienes lo observaban desde sus casas. Román, por fin, ocupaba la posición de generador de fútbol con todo el panorama de la cancha en sus ojos y convirtió el cuarto gol, después de recibir solo dentro del área una pelota de Guillermo Barros Schelotto y de sobrepique liquidó al Tati Buljubasich.

• 10 de julio de 1993: participación positiva de Gustavo Neffa en el gol que clasificó a Boca a la final de la Copa de Oro Sudamericana

En épocas donde los alargues se definían por gol de oro, el 10 paraguayo tuvo determinación para buscar una devolución de Saturno, encaró hacia el área, sacó un potente zurdazo que rechazó Rogerio Ceni, ganó el rebote y logró cederla para Sergio Martínez que la empujó al fondo del arco. Neffa fue de las tantas estrellas de los libros de pases que se la disputan todos los equipos grandes, pero finalmente jamás hizo pie en el equipo durante los dos años que permaneció en el club. Diego Maradona había aportado dinero para su llegada.

• 11 de julio de 1937: inicio de racha goleadora de Roberto Cherro en la victoria 4-1 sobre Estudiantes

Boca arrancó el partido ante Estudiantes a todo vapor. Los goles de Gáspari y Varallo hicieron vibrar a la masa azul y oro que llenó su estadio. El gol de Roberto, cuando se cumplía el cuarto de hora, sentenció el resultado y abrió la puerta de una goleada que solo pudo ampliarse con el gol de Aníbal Tenorio. A partir de allí, Cabecita de Oro enhebró una racha de cinco goles consecutivos.

• 12 de julio de 1964: gol de Ángel Clemente Rojas en la victoria 3-2 sobre Barcelona en el Monumental

Ambos equipos estuvieron a la altura de las expectativas y regalaron un amistoso de alto nivel en Figueroa Alcorta y Udaondo. Boca mejoró en ofensiva con el ingreso de Rojitas por Paulo Valentim porque le otorgó mayor dinamismo y habilidad a las jugadas. Luego de un tiro de esquina blaugrana, el Beto Menéndez encabezó el contraataque con un pelotazo al pecho de Silveyra, quien enseguida observó el pique al vacío de Ángel Clemente y se la jugó al pie. Cuando la recibió, enganchó para la derecha, Torrent —el defensor rival— pasó de largo y la clavó de derecha junto al palo del arquero. Un golazo que definió el resultado.

• 13 de julio de 1997: último regreso de Diego Maradona en la victoria 3-2 sobre Racing

La rigurosa preparación física junto al atleta canadiense Ben Johnson fue muy valorada por Diego y seguida a diario por los medios de la época. Cuatro días antes, debido al contrato con el Multimedios América, había jugado un amistoso ante Newell´s en Rosario como vuelta simbólica. Por los puntos, 11 meses después pisó el césped de La Bombonera, que le brindó una bienvenida estruendosa y cariñosa. Durante los 55 minutos que participó del juego, regaló trucos de magia aprovechados por Néstor Fabbri, Diego Latorre y Sebastián Rambert para la conquista de los goles que sirvieron para derrotar a La Academia por la fecha 16 de un Clausura intrascendente para el equipo.

• 14 de julio de 1963: doblete de Ángel Clemente Rojas ante Independiente para la victoria 3-2 en La Bombonera

"El Nene de Oro" tituló *El Gráfico* en su tapa. Rojitas había mostrado una exhibición de fútbol desde la frescura de sus jóvenes 19 años. Habilidad, astucia, visión de juego y fuerza para imponerse a los bravos centrales de los Rojos. En ambos goles su brillo fue la marca registrada como en el tercero que picó por detrás de todos y, ante la salida de Miguel Santoro, la tocó suave por abajo.

• 14 de julio de 1996: último Superclásico en La Bombonera de Diego Maradona, goleada 4-1 y falló otro penal

Era el partido para afianzarse en la lucha por el Clausura que estaba repartida entre Vélez, Lanús y los equipos platenses. Era el Superclásico para pisar fuerte y meter miedo. Diego dejó el alma en la cancha, armó fútbol con Verón y Basualdo, descargó siempre para Caniggia y Tchami y festejó cada uno de los cuatro goles con alma de capitán, incluidos "piquitos" con Cani. Falló otro penal, que terminó en el tercer grito personal del Hijo del Viento, y Germán Burgos ahogó un tiro libre en el ángulo. Noche redonda en La Bombonera que deliró con una goleada ante el eterno rival.

• 15 de julio de 2002: Se supo que Carlos Tévez usará el dorsal número 10 a partir del inicio de la temporada

La decisión tanto del Maestro Tabárez como la de su ayudante, el Beto Márcico, estaba tomada. Las actuaciones de Carlitos del final de la temporada anterior le aseguraban titularidad y qué mejor motivación que usar el dorsal número 10. Además, resultó un mensaje claro en qué posición de la cancha observaban mayor potencial: siempre detrás de los dos delanteros, para imponer en zona de fricción toda su habilidad y fuerza.

- **16 de julio de 2005: debut de Federico Insúa en el empate 2-2 ante Tottenham Hotspurs por la Peace Cup**

El estadio Big Bird, en la ciudad de Suwon, Corea del Sur, fue testigo del primer partido de un ciclo histórico como lo fue el primero de Alfio Basile. Entre las caras nuevas, la que mayor expectativa había creado entre los hinchas era la de Federico Insúa, llegado al club tras una negociación complicada con Independiente. El Pocho alternó ser la manija con el "tiki tiki" junto a Fernando Gago que provocó algo de juego brusco por parte de los ingleses.

- **17 de julio de 1986: gol de Carlos Tapia de penal en la épica victoria 2-1 ante Peñarol en Montevideo por Copa Libertadores**

El alma del Boca de siempre se trajo una victoria heroica desde el estadio Centenario. Jugó con dos menos, soportó y mostró inteligencia. Sus líderes fueron el Loco Gatti y el Chino, flamante campeón mundial con la Argentina, que se acomodó siempre para meter estocadas para Graciani y el Tuta Torres. En una de ellas, Fernando Álvez le cometió penal a Alfredo. El remate de Tapia fue atajado, pero desde el rebote convirtió el primero. Minutos más tarde hubo otro penal sobre Daniel no sancionado que provocó en las protestas de Passucci, la segunda expulsión, pero no impidió más contras *xeneizes*. En una de ellas, Torres y Graciani armaron una gran jugada que terminó con el gol del Alfil. "Estoy muy eufórico, me recordó al partido ante Newell´s cuando nos clasificamos a la Copa. El equipo está en crecimiento", analizó el DT, Mario Zanabria.

- **18 de julio de 1926: doblete de Roberto Cherro en la goleada 5-0 ante Del Plata**

El joven romperredes seguía asombrando a la hinchada con goles y oportunismo. Aquella tarde de invierno hizo vibrar a todos con un doblete a pocos minutos del final que sirvió para sellar el resultado final.

- ## 19 de julio de 1964: gol de Norberto Menéndez para derrotar 1-0 a Ferro como visitante

El primer tiempo en Caballito no había otorgado emociones. Boca fue a protagonizar el juego, impulsado por el aliento de la tribuna visitante y cinco minutos después de iniciada la segunda etapa tuvo su premio. Alcides Silveira trepó por la punta derecha, enganchó, metió el centro y luego de un rebote le quedó justa al Beto que sacó un disparo bajo y cruzado que sirvió para ganar el partido.

- ## 20 de julio de 1977: gol fundamental de Mario Zanabria para vencer 1-0 a Libertad en Asunción

Marito ya había redondeado un gran partido con su aporte de toque rápido, agilizando los contragolpes que se tradujeron en jugadas claras de gol para el equipo del Toto. A falta de 11 minutos, el Chino Benítez limpia dos rivales en una baldosa, la juega con Zanabria, quien sorprendió a toda la multitud con un zurdazo potente que viajó directamente al ángulo de Báez. Golazo. Festejado hasta la afonía porque representaba un pie adentro de la final de la Copa Libertadores.

- ## 20 de julio de 1980: último partido de Osvaldo Potente cuando ingresó siete minutos en el empate 2-2 ante Central en Rosario

A falta de siete minutos, el resultado marcaba el mismo empate con el que se terminó. Antonio Rattín decidió el ingreso de Patota por Jorge Coch, autor del empate en la tarde rosarina. Esos minutos fueron los últimos de Potente con la azul y oro. Totalizó 195 partidos oficiales con 81 goles convertidos.

- ## 21 de julio de 2013: incidente de Leandro Paredes con Agustín Orión

El amistoso entre San Lorenzo y Boca se suspendió por graves incidentes entre barras. Por ello, Carlos Bianchi llevó al plantel a realizar ejercicios livianos a Casa Amarilla. En medio del entrenamiento informal, disputando una pelota, recibió una dura patada de Agustín Orión. El parte médico fue contundente: rotura en dos ligamentos del tobillo derecho. "Nadie me cuidó. Varios escucharon que me iba a lastimar y cinco minutos después me lastimó", recordó el volante en una entrevista por Fox Sports Radio.

• 22 de julio de 1993: participación de Alberto Márcico y Carlos Tapia en la obtención de la Copa de Oro Sudamericana

Para la final ante Atlético Mineiro, el profesor Habbegger optó por Tapia como titular y mandó al banco de suplentes al Beto. Sobre el final del primer tiempo, una lesión del Chino invirtió los roles y el ingreso del Mágico levantó a todo el equipo con asistencia incluida en el gol de Carlos Javier Mac Allister que selló la consagración.

• 23 de julio de 1992: Carlos Daniel Tapia formalizó su vínculo para iniciar su cuarto y último ciclo

Con el regreso confirmado, el Chino se convertía en el primer jugador de la historia del club en desarrollar cuatro ciclos (1985-87, 1988-89, 1990-91 y este). El contrato se suscribió con una cláusula novedosa: si Boca se consagrara campeón del torneo siguiente, debía comprarle el pase definitivo. "Estoy muy mentalizado. No me interesa ser protagonista, quiero aportarle al equipo y no tengo dudas de que a fin de año me comprarán el pase". El tiempo le dio la razón.

• 24 de julio de 1995: conferencia de presentación de Diego Maradona junto a Claudio Caniggia en La Bombonera

Ambos jugadores fueron "comprados" por el Multimedio América a cambio de una cantidad de partidos amistosos en exclusiva. El contrato de Diego fue por 30 meses, incluyendo presencias en los programas o especiales del grupo, el de Cani por 12, con cláusulas de productividad. Aquella noche en La Bombonera, realizaron la firma simbólica para los medios y ambos trabajaron a pleno junto a sus compañeros en el Hindú Club, bajo las órdenes de Silvio Marzolini.

• 25 de julio de 1996: Diego Maradona revolucionó China en dos amistosos jugados

Aquel día le ganó 2-1 al Beijing Guo An. Y dos días más tarde goleó al Sichuan Quanxing por 3-0. La presencia de Diego revolucionó aquel país, a tal punto que la *suite* donde se alojó era custodiada por policías militares dispersos en las habitaciones contiguas. Ambos partidos se jugaron a cancha llena, todos atraídos por la magia del astro.

• 26 de julio de 1981: gran acción individual de Diego Maradona para servirle el gol a Osvaldo Escudero en la victoria 2-0 ante Colón

Recibió el lateral de Cacho Córdoba, eliminó a Cariaga tocando hacia adelante, soportó el trancazo de Werner y sobre la misma raya de fondo levantó un centro de zurda perfecto para que Escudero solo la tuviera que tocar al gol. Diego fue la figura y apareció en momentos claves de un partido qué se definió con un gol de Perotti en el comienzo del segundo tiempo. La desesperación de Colón, ahogado por su posición en la tabla, lo llevó a reacciones tan abruptas como retirarse de la cancha 14 minutos antes, enojados con el arbitraje de Juan Carlos Loustau.

• 27 de julio de 1975: golazo de tiro libre de Osvaldo Potente para derrotar a River en el Monumental

"Yo le grité a Mouzo porque lo vi al Pato desarmado, cerca del otro palo, ordenando la barrera, le di fuerte con la parte de adentro del pie derecho y me salió justa al ángulo". Así describió Potente el momento cumbre de la noche de Núñez. Perfumo tocó a Hugo Paulino Sánchez cuando giró y, como nadie de River se interpuso a la pelota, dio tiempo al 10 para sorprender. El Superclásico fue de Boca y sirvió para poner puntos suspensivos en el camino riverplatense rumbo al título que se le negaba hacía 18 años.

• 28 de julio de 1940: goles de Jaime Sarlanga y Bernardo Gandulla en la goleada 8-2 sobre Gimnasia (La Plata)

La semana anterior se había sufrido un 7-1 histórico ante Independiente en la doble visera. El equipo debía mostrar su fuerza de recuperación delante de su gente en La Bombonera para seguir liderando el campeonato. El lobo fue sometido a un vendaval de fútbol y goles, entre los cuales se destacaron los de Sarlanga (4-0) y Gandulla (6-0). La comunión entre el jugador número 12 y los futbolistas seguía intacta.

• 28 de julio de 1985: dos goles de Carlos Daniel Tapia en el aplastante 6-0 sobre Gimnasia (La Plata)

Boca ganaba 1-0 gracias a una avivada de Ivar Stafuza, luego de una mala salida del arquero local. Tapia ya era el mejor jugador de la cancha por conceptos y movimientos. Le puso su firma al 2-0 cuando cerró una jugada armada por Dykstra e Irazoqui, mientras que el tercero fue un auténtico golazo: tiró una pared con Dykstra, gambeteó a Russo y su zurdazo infló la red. La tripleta de Ramón Centurión en seis minutos decretó un 6-0 que hizo estallar el frenesí de los bosteros que coparon el bosque platense. "Di Stefáno me ubica como nueve retrasado o cuarto volante y me pide que al recuperar la pelota busque a los delanteros y aparezca para definir la jugada", develaba el Chino en vestuarios.

• 29 de julio de 2001: doblete de Omar Pérez en el debut de la Mercosur ante Vasco da Gama

Carlos Bianchi le dio pista en 2001 como segunda manija cerca de Román. Su puesto natural de enganche lo ocupó pocas veces, entonces prefirió nuevos horizontes: tanto en Banfield como en Independiente Santa Fe (donde es ídolo total de la fanaticada) pudo desarrollar todas sus condiciones. Omar Sebastián Pérez aquella tarde de domingo en el Mané Garrincha cumplió con dos goles (el primero de tiro libre, golazo al ángulo) para asegurar el empate ante Vasco da Gama en el estreno de la Mercosur.

- ## 29 de julio de 2009: regreso de Federico Insúa con gol a Manchester United por la Audi Cup

El esplendor alemán llenaba los ojos de los presentes en el magnífico Allianz Arena de Múnich. Luego de la presentación formal con Carlos Bianchi, entonces mánager, como emblema de la institución, abrieron el juego Manchester United y Boca. La diferencia de categoría individual pesó en el desarrollo del juego y los ingleses sacaron dos goles de ventaja en el primer tiempo, mientras que en el complemento la cantidad de cambios y el ritmo de los equipos en pretemporada hicieron más parejas las acciones. Allí apareció el Pocho Insúa en su regreso después de tres años para marcar, mediante un zurdazo potente, entrando por el segundo palo. Fue derrota 2-1.

- ## 30 de julio de 2009: Juan Román Riquelme picó un penal en la definición ante Milan por el tercer puesto de la Audi Cup

El gol de Lucas Viatri depositó a Boca en los penales para determinar el tercer y cuarto puesto. Como en 2003, Boca y Milan debían un partido mediante tiros desde el punto penal. Cuando fue el turno de Román, decidió picarla ante Marco Storari que se movió hacia un costado. Golazo, reconocido por varios de sus rivales. Finalmente, fue triunfo 4-3 en la serie de penales.

- ## 31 de julio de 1981: preparación del decisivo partido ante Ferro bajo estrictos cuidados médicos para con Diego Maradona, quien arrastraba una distensión en el muslo izquierdo. Aquella semana lluviosa no permitió trabajos normales de campo en La Candela

Silvio Marzolini cuidó al máximo la integridad física de sus jugadores de cara al partido del campeonato. Por eso, debido a las persistentes lluvias, las prácticas de aquella semana se redujeron a movimientos livianos, mucho más en el caso de Diego que arrastraba una distensión en el muslo izquierdo. "Cada uno, con sus virtudes y defectos, fueron los mejores equipos del campeonato. Ellos no son un bloque insuperable, tienen limitaciones y son vulnerables, en especial por el lado de Garré", señaló Diego en una entrevista publicada en el *Diario Clarín*.

CAPÍTULO 8

AGOSTO

• 1 de agosto de 1978: Mario Zanabria jugó los 90 minutos en la consagración de la Copa Intercontinental en el Willpark de Karlsruhe

Boca tocó la gloria máxima una noche de verano alemán. Con un equipo pensado exclusivamente por el Toto para aquel partido, se sostuvo en un gran rendimiento colectivo que aplastó al Monchengladbach durante el primer tiempo. El mediocampo, a primera vista desbalanceado, integrado por Salinas, Suñe y Zanabria, consiguió todos los matices necesarios: consistencia, variantes y mucha profundidad en las habilitaciones largas de Marito a los tres delanteros. "Algunos me critican porque dicen que traje jugadores de madera. Zanabria es un habilidoso de lujo", se refirió Lorenzo a su número 10 en el análisis uno por uno de sus campeones del mundo.

• 2 de agosto de 1981: pase de Sinatra Maradona a Perotti para vencer a Ferro 1-0

El saque del Loco Gatti cayó en la mitad de la cancha, rebotó en Carlos Arregui y quedó en su pie zurdo. Contra el cansancio, el barro, la presión de lo que se jugaba, la Pintier que ya pesaba una tonelada, torció la lengua y sacó un pase en cortada desde su zurda inmortal para el pique al vacío del Mono Perotti que definió sobre la salida de Barisio provocando, además, la avalancha más hermosa de la historia. Diego emergió en el momento decisivo para sellar la historia y fue el Frank Sinatra de La Bombonera, como lo bautizó Víctor Hugo Morales por coincidir con el arribo del cantante a Buenos Aires. Antes había intentado de muchas formas, incluida una rabona notable en el primer tiempo que casi se mete al arco verdolaga, pero la dura marca de Saccardi y el cerrojo propuesto por Griguol fueron obstáculos complicados. "El triunfo se lo dediqué a mi mamá que mañana cumple años. Cuando le tiré la pelota a Perotti, pensaba que Barisio podía taparla pero llegó un segundo antes y la metió", fue la explicación del 10.

- ### 3 de agosto de 1973: el gran momento de Potente

Desde una nota para la revista *El Gráfico* efectuada en Flores Sur, su barrio de toda la vida, Patota se distendió rodeado de sus seres queridos para contar el extraordinario momento que atravesaba: "Tengo buen pique corto y arrancando en tres cuartos de cancha puedo aprovecharlo. Lo mismo pasa con mi cabezazo, que no es una gran virtud que tengo, sin embargo, sorprendo también en el pique. Mi problema es ser estricto cuando entreno. El año pasado me dejé estar y subí cuatro kilos". Mientras tanto, el entrevistador, Osvaldo Ardizzone, escribió su propia impresión: "Es su mejor momento, sin dudas. Juega con la sobriedad de un futbolista maduro. Elabora cada maniobra desde su cerebro, nunca se lo ve mal parado en la cancha y dispone de una riqueza que le permite administrar sus movimientos".

- ### 4 de agosto de 1998: en la lista para afrontar la Copa Mercosur, Juan Román Riquelme recibió por primera vez la 10 de Boca

Momento de iniciar oficialmente el ciclo de Carlos Bianchi tras una buena cosecha de triunfos y rendimientos en los partidos amistosos. Campeonato local y Copa Mercosur formaban parte de los desafíos y en ambos, al momento de definir los dorsales, la mítica 10 de Boca fue para Román, lo que se constituyó en el último gran espaldarazo de confianza de Carlos Bianchi para confirmarlo como referente de su nuevo equipo.

• 5 de agosto de 1988: inicio del segundo ciclo de Carlos Daniel Tapia en el amistoso ante Cienfuegos de Cuba

Sin poder afianzarse en el Brest francés, el Chino buscó salida y la encontró en Boca luego de una charla con José Omar Pastoriza, que le prometió recuperar la camiseta 10 que había dejado en noviembre del año anterior. Firmó a préstamo por un año e inmediatamente se puso a trabajar con el plantel debido a que arrastraba 30 días sin actividades físicas. Su reestreno se produjo en el estadio Pedro Marrero de La Habana, en la primera presentación de Boca en Cuba, cuando empató ante el Cienfuegos local por 2-2.

• 6 de agosto de 1981: en La Candela, Diego Maradona realizó la mítica producción de fotos embarrado junto a Miguel Brindisi y Hugo Gatti

La producción fotográfica se realizó pensando en la inminente consagración *xeneize*. Entonces *El Gráfico* reunió a tres referentes del plantel como Diego, Brindisi y Gatti y los *flashes* se dispararon hasta lograr una buena cantidad de fotos para adornar la entrevista, pero con las estrellas totalmente embarradas por culpa de la semana húmeda y lluviosa que azotaba a Buenos Aires, que había convertido a los terrenos de La Candela en un lodazal. No obstante, la derrota ante Central y el contratiempo del 10 por su penal fallado, dejaron todo en parrilla como se dice en la jerga periodística. Finalmente, en el álbum del Boca Campeón del Metropolitano, las exclusivas se publicaron y pasaron a ser imágenes simbólicas de aquel título.

• 7 de agosto de 2005: promisorio estreno oficial de Federico Insúa con tres pases gol para la goleada 4-1 ante Gimnasia y Esgrima de Jujuy

Por encontrarse La Bombonera suspendida, el estreno del ciclo de Alfio Basile se mudó al Nuevo Gasómetro. Boca salió a

devorar a la formación jujeña por eso no sorprendió la rápida ventaja sacada. Federico Insúa resultó fundamental para los goles de Rodrigo Palacio, Martín Palermo y Daniel Díaz, por sendos pases gol desde la izquierda, mostrando lo importante que resultaría ese circuito ofensivo.

• 8 de agosto de 1937: gol de Roberto Cherro en la victoria 2-1 sobre River

Qué mejor manera de finalizar la racha de cinco goles en cinco partidos consecutivos convirtiendo ante el eterno rival. Antes de la media hora, el gentío *xeneize* había explotado de felicidad por los tantos de Alfredo González y otro cabezazo de Roberto. Aquel gol fue el último de Cabecita de Oro ante River Plate.

• 9 de agosto de 1998: estreno con gol de Juan Román Riquelme en el Apertura

Para abrir la tarde, centro combado, envenenado, que pegó en Sartori y se metió al arco de Rocha. Con el partido 2-0 recibió de Navas, encaró hacia el arco y, pese a tener opciones de pase, prefirió el disparo al arco que se metió junto al palo. Participación estelar de Román en dos de los cuatro goles con los cuales Boca sorprendió a Ferro en el primer tiempo. El arranque del Apertura no pudo ser mejor.

• 10 de agosto de 1997: golazo de Juan Román Riquelme ante Central para dar vuelta una derrota 3-1

Un atardecer hostil que terminó en alegrías, gracias a un golazo romanesco desde la medialuna cuando el partido se terminaba. El poder goleador de Sebastián Rambert había logrado empatarlo. Empujado por su gente, el equipo fue por más y con el tiempo cumplido, Suchard Ruiz resultó víctima de falta que el árbitro Oscar Sequeira permitió que se ejecutara. Luego del centro, el rechazo de la defensa canalla le quedó a Román, quien enganchó hacia afuera y sacó un derechazo recto, inatajable para Abbondancieri. Triunfo festejado por las formas dentro de un mal torneo de Boca.

• 11 de agosto de 1999: exhibición de Juan Román Riquelme ante Barcelona en Alicante

La Copa de Campeones Nike reunió a Barcelona y Boca en el estadio José Rico Pérez de Alicante. Lo que parecía un partido con ritmo de amistoso terminó jugado a cara de perro, por eso, a comienzos del segundo tiempo, Carlos Bianchi incluyó entre los titulares a Riquelme y Palermo. Román entró recargado y mostró todo su repertorio: pisadas, lujos, pases gol, posesión de la pelota. Todo desde su pincel de la pierna derecha. Fue triunfo 3-2 y su presentación oficial ante el gran público europeo.

• 12 de agosto de 2000: golazo de Juan Román Riquelme en su regreso tras disputas contractuales. Fue empate 3-3 ante Gimnasia

Luego de la consagración americana, Román exigió mejoras en su contrato que no fueron escuchadas por la plana mayor de la Comisión Directiva, por lo que decidió no jugar hasta resolverlo, pero con la competencia iniciada, prefirió negociar sin dejar de jugar: "Marcos Franchi se reunió con el presidente el viernes y en estos días se tiene que volver a juntar, espero que se arregle todo. Le pedí a Marcos que por favor me avise cuando tenga que ir a firmar, porque él me dijo que está todo casi arreglado. He bajado un poco y ojalá se arregle todo", expresó el jugador. Aquella tarde, con un derechazo fuerte al segundo palo desde el vértice del área parecía liquidar el partido ante Gimnasia, pero dos goles en los últimos minutos del equipo platense borraron la sonrisa de todos en La Bombonera.

• 13 de agosto de 1981: luego de una semana de exigentes trabajos con la Selección Argentina, Diego Maradona retoma los entrenamientos en La Candela, 48 horas antes del partido decisivo ante Racing

Suena increíble pensar hoy que el jugador más importante de un club se entrene con su selección la semana previa a poder lograr el título. Así fue para Diego antes del partido frente a Racing por la última fecha del Metro. Realizó movimientos

exigentes bajo las órdenes de César Luis Menotti en el predio de la Fundación Natalio Salvatori, incluidas prácticas de fútbol intensas ante selecciones juveniles, todo con vista a la gira por Europa. Recién 48 horas antes del partido, el 10 se sumó al plantel en la concentración de La Candela.

• 14 de agosto de 2017: primer gol oficial de Edwin Cardona en la goleada ante Gimnasia y Tiro por Copa Argentina

El fútbol de Cardona fue demasiado para el equipo salteño. A los 38 minutos del primer tiempo, el colombiano tuvo su bautismo oficial en las redes (ya había convertido en dos amistosos) después de un pase fantástico de Fernando Gago, controló el balón ingresando al área, descolocó al arquero Leguiza y definió con el arco libre. Minutos después asistió a su compatriota, Frank Fabra, en la conquista del tercero de los cinco goles que gritaron los hinchas de Boca en Formosa.

• 15 de agosto de 1981: gol de penal de Diego Maradona a Racing para conquistar el Metro

Entró al área y encaró a Vivalda que no tuvo más remedio que derribarlo. Los fantasmas del penal errado una semana atrás en Rosario lo acecharon. Sin embargo, ejecutó suave contra un costado y lo fue a gritar al córner del lado de los palcos. El campeonato ya era una realidad. "Escuché el final y me volví loco. Mi hermano el turquito se me colgó y lo abracé hasta casi romperlo. Encima me entero que Argentinos se había salvado del descenso. Ya era demasiado: campeón con Boca, por fin, después de lo que sufrí el domingo pasado. No podía fallarle a la gente. Elijo a Mouzo como el mejor jugador del torneo, el más parejo, un verdadero símbolo de Boca. Tuvimos muchas virtudes que justificaron el logro, en especial, por tantas finales que aguantamos, entre lesiones y tantos amistosos". Un Diego exultante trataba de reflexionar sobre el título que acababa de obtener. Su influencia en el campeón fue esencial. Para esto había "fabricado" su pase a Boca. Misión cumplida.

- **16 de agosto de 1998: gol de Juan Román Riquelme para sentenciar el 3-2 ante Gimnasia de Jujuy por el Apertura**

Segunda fecha del Apertura. Ventaja de dos goles que se esfuma. La Bombonera empuja para que el equipo no decaiga. Se arma la jugada por izquierda que desata muy bien Fernando Navas, quien juega el centro atrás donde Román recibió, se acomodó y sacó su derechazo imposible para Hernán Castellanos. Segundo triunfo asegurado.

- **17 de agosto de 1930: doblete de Roberto Cherro en el 8-0 ante Defensores de Belgrano**

Tarde de goleada en La Boca que mostró todo su poder ofensivo que caracterizaba al equipo de Mario Fortunato. Roberto aportó dos tantos, uno en cada tiempo, y la superioridad fue tal que, faltando ocho minutos, el partido quedó suspendido.

- **18 de agosto de 1997: primer partido juntos de Juan Román Riquelme y Diego Maradona en un amistoso ante la Universidad Católica en La Bombonera**

Ni bien terminado el nefasto Clausura, se intentó hacer borrón y cuenta nueva con un movimiento activo en el libro de pases que mantenía en vilo a los hinchas. La Copa de Invierno en La Bombonera presentó como una buena prueba para el Bambino Veira, quien decidió incluir de entrada a Diego y Román por primera vez. Algunos errores defensivos permitieron el triunfo de la Universidad Católica por 3-2, dejando un sabor amargo en La Bombonera.

- **18 de agosto de 2013: golazo de tiro libre de Juan Román Riquelme ante Atlético Rafaela**

Esteban Conde recibió un mal pase de Bastía y tomó la pelota con sus manos dentro del área. Tiro libre indirecto para que Román invente algo. La acomodó casi sobre el área chica, la barrera cubría todo el arco hasta que encontró con

la vista un hueco, allí apuntó y allí la puso. Golazo que fue a festejar junto a Carlos Bianchi. Boca pasaba a ganar un partido cerrado.

• 19 de agosto de 1990: inicio del tercer ciclo de Carlos Daniel Tapia con gol en la victoria 3-2 sobre Argentinos Juniors

Luego de pasar por Mandiyú y Universidad de Chile, el Chino volvió a vestirse de azul y oro, en condición de préstamo por un año. Esta vez, Carlos Aimar le dio la confianza de la camiseta 10 desde el mismísimo arranque del Apertura ante Argentinos Juniors, a la cual respondió con un gol que coronó un cuarto de hora arrollador contra el arco de Casa Amarilla: una extraordinaria corrida de Walter Pico, descargó en Latorre, quien lo dejó cara a cara con Goyén. El arquero le tapó su remate y del rebote Tapia mandó el zurdazo al fondo de la red.

• 20 de agosto de 2003: Juan Román Riquelme, marginado en Barcelona, le entregó sus botines a Carlos Tévez

Mientras desde el club analizaban ofertas por su pase, Román se acercó a sus excompañeros de Boca en la previa de la Copa Joan Gamper de aquel año. Luego de una larga conversación con Carlos Bianchi, entregó en mano sus botines talle 41 a Carlitos Tévez: "Espero que te traigan suerte", le deseó y el Apache no lo defraudó, ya que mostró sus condiciones en el pasto del Camp Nou y convirtió el gol *xeneize* del empate 1-1.

• 21 de agosto de 1994: golazo de Alberto Márcico a Racing en la goleada 3-0

Penúltima fecha del Clausura con ambos equipos sin chances de pelea por el título. El Boca irregular de Menotti ya pensaba en la siguiente temporada, pero encontró un espacio para la alegría: dos minutos después de la apertura del marcador por intermedio de Da Silva, el desequilibrio del pibe Sergio Sánchez por izquierda sirvió la pelota para la entrada del Beto, quien se acomodó y tocó a media altura con derecha para decretar el 2-0 parcial.

• 22 de agosto de 1976: se sumó a la pretemporada en Mar del Plata, Mario Nicasio Zanabria desde Newell's Old Boys

El equipo campeón del Metro necesitaba retoques para aumentar la competencia en algunos puestos. Así fue que Lorenzo pidió como prioridad a Marito que se había destacado notablemente en Newell's y era considerado por César Luis Menotti para la selección. El Toto estaba muy entusiasmado con su fichaje: "Mario es importante, experto, conductor ofensivo, lanzador, ya fue campeón y tiene mucha experiencia en primera", afirmó el DT. "La gente de Boca me recibió espectacular, pero soy consciente de que deberé ganarme el puesto. Fe es lo que me sobra", declaró el volante.

• 23 de agosto de 1964: doblete de Ángel Clemente Rojas para la victoria 2-1 ante Real Madrid en Marruecos

La final del torneo Mohamed V convocó a 15 mil marroquíes, incluido el Rey Hassan II, quienes observaron un partido atractivo, con mucho ritmo y situaciones de gol. A los siete minutos una jugada combinada entre Menéndez y Rojitas terminó en el primer gol de la noche. Luego del empate de Puskas, Boca tomó el protagonismo aprovechando el hombre de más que tuvo desde la roja al autor del gol merengue y consiguió el tanto de la victoria en otra aparición de Ángel Clemente, que fue festejada ruidosamente por los argentinos presentes en el Stade D´Honneur de Casablanca.

• 24 de agosto de 1997: único partido oficial de Juan Román Riquelme y Diego Maradona

Abbondancieri; Solano, Traverso, Fabbri y Arruabarrena; Toresani, Berti, Riquelme, Maradona; Latorre y Caniggia. Los 11 titulares para dar inicio a la campaña del Apertura. El Bambino apostaba otra vez a juntar a Román con Diego, otorgándole la función de tomar las riendas del equipo cuando taparan al 10.

Fue triunfo 4-2 que permaneció siempre en la historia por ser el único partido oficial que juntó en el césped a los máximos referentes de la camiseta 10 de Boca.

- **25 de agosto de 2002: doblete de Carlos Tévez para levantar un 0-2 contra San Lorenzo**

El golazo de Leandro Romagnoli ponía 2-0 arriba a San Lorenzo y plagaba de interrogantes a todo Boca. Hasta que apareció en escena Carlitos con la 10 bien puesta y con una ráfaga destruyó la resistencia azulgrana. A los 25 minutos bajó un pelotazo alto, hizo pasar de largo a Leandro Álvarez y definió al segundo palo. Apenas un rato más tarde, Cascini ganó en tres cuartos de cancha una pelota en salida, se la entregó para su pique dentro del área y definió perfecto sobre la salida de Sebastián Saja. Golazos y mucha descarga para un partido bisagra en la carrera del Apache.

- **26 de agosto de 2000: gran actuación de Juan Román Riquelme en la victoria 3-1 sobre Newell's**

Los problemas contractuales ya eran parte del pasado y Román los celebró con una actuación determinante en el Coloso del Parque. Pelotazo perfecto para el pique de Barijho, que fue derribado adentro del área. Penal claro y ejecución espléndida del 10 para que el equipo de Carlos Bianchi pasara a ganar un partido complicado.

- **27 de agosto de 1975: tres goles de Osvaldo Potente para derrotar 3-2 a Vitoria Setubal en el torneo Ciudad de Córdoba (España)**

El equipo cosechaba elogios a lo largo de toda la gira por canchas españolas. El compromiso frente al elenco portugués se presentaba para otra demostración de toques y contundencia como había acontecido ante el Vodjovina y el Valladolid. Para tal menester, Patota aportó una tripleta implacable: habilitación alta del Chino Benítez, la baja con el pecho y la toca suave sobre la salida del arquero. Recogió el rebote en el arquero tras un remate de García Cambón y la empujó al gol.

Aprovechó una falla grosera del defensor Caica para clavar el tercero suyo y de Boca.

• 27 de agosto de 2008: gol de Juan Román Riquelme de tiro libre para sentenciar la Recopa Sudamericana ante Arsenal

Recién llegado de Beijing, con la medalla de oro en sus vitrinas personales, Román se puso a disposición de Carlos Ischia para afrontar la revancha de la final de la Recopa Sudamericana. El DT lo confirmó como titular y en el minuto final sentenció la serie con un tiro libre muy bien direccionado que pegó en el palo y luego en la espalda de Camprestrini para meterse en el arco y dar rienda suelta a los festejos en La Bombonera por otro título internacional.

• 28 de agosto de 1966: en su cumpleaños 22, otro gol a Real Madrid de Ángel Clemente Rojas

Luego de un notorio dominio de los españoles a lo largo de la primera etapa, Boca introdujo algunos cambios de nombres y posicionales que equilibraron el trámite. Así llegó el gol que Rojitas había buscado en toda la noche de Casablanca. Nació en las manos de Roma, pasó por el manejo de pelota de Menotti y terminó con Angelito desequilibrando con su cintura a los defensores merengues.

• 28 de agosto de 1993: gol de Alberto Márcico a Barcelona por la Copa Ciudad de Tenerife

El trofeo Isla de Tenerife aportó un formato diferente. Triangular a jugarse el mismo día con duración de 45 minutos en cada partido. En ese tiempo que enfrentó al Barcelona de Johan Cruyff, el equipo mostró una superioridad neta sobre el rival que coronó con el gol de cabeza del Beto: Gustavo Neffa recibió libre sobre la línea y levantó un centro justo para que Márcico le ganara a Albert Ferrer y mandara el testazo a la red. Por si había empate en el primer puesto, patearon penales donde también se impuso el *xeneize* por 6-5.

• 29 de agosto de 2007: auspicioso partido de Leandro Gracián en la victoria 3-2 sobre Independiente

Descartada la continuidad de Román para el segundo semestre, Miguel Russo recurrió a un viejo conocido suyo en Vélez como Leandro Gracián para ocupar esa posición. Luego de unos minutos ante Gimnasia en La Bombonera, el clásico contra Independiente era una gran chance para mostrar condiciones. Con buen juego y un gol donde combinó pique al vacío, control y capacidad de definición, puso a Boca 3-1 arriba y encendió las ilusiones que tiempo después se apagaron, porque no volvió a repetir rendimientos como los de aquella tarde en el Cilindro.

• 30 de agosto de 2018: gol de Edwin Cardona a Libertad en Asunción para cerrar el pase a cuartos de final de la Libertadores

Luego de haber logrado lo más difícil que se presentó en aquella noche de Asunción que fue sacar definitivamente de partido a los gumarelos, Boca se dedicó a manejar el trámite con tranquilidad y aprovechar los contragolpes contra un rival totalmente jugado. Un claro penal contra Nahitán Nández fue cambiado por gol mediante un pique de pelota repleto de talento del enganche colombiano.

• 31 de agosto de 2005: primer título de la era Basile, con Diego Maradona de mánager y Federico Insúa como jugador

Pese a la diferencia de dos goles, a Boca le costó el trámite de aquella final de vuelta contra Once Caldas. Recién en el segundo tiempo, con el ingreso de Federico Insúa, el equipo del Coco pudo tener mejor funcionamiento hasta lograr el descuento por parte de Rolando Schiavi, justo en el momento que Diego Maradona arribaba al estadio Palo Alto. Fue el primer título de la saga conseguida con el Coco.

CAPÍTULO 9

SEPTIEMBRE

- **1 de septiembre de 1976: estreno absoluto de Mario Zanabria en un amistoso ante Aldosivi en Mar del Plata**

El flamante campeón del Toto cambió una gira acordada en países del Pacífico Sur por una dura pretemporada bajo las órdenes del profesor Jorge Castelli en Mar del Plata. Los refuerzos —Mario Zanabria, Jorge Salas y Jorge Dorado— se acoplaron al plantel en medio de los trabajos en Parque Camet entre el frío y la lluvia de La Feliz. Surgió un partido amistoso en el estadio San Martín ante Aldosivi que sirvió para presentar a los nuevos. Marito jugó los 90 minutos, Salas convirtió el gol del 1-1 final y Dorado ingresó sobre el final por Ernesto Mastrángelo. "El gran cambio lo voy a notar en la hinchada. Con Boca sos local en todos lados", expresó Zanabria.

- **2 de septiembre de 1992: histórico gol de Alberto Márcico para batir 3-2 a Vélez por el Apertura**

Un partido duro, atado, con muchas fricciones y broncas protagonizaban Boca y Vélez en La Bombonera una tarde de miércoles. Hasta que Mac Allister empujó con izquierda, la jugó hacia el Beto que sacó un derechazo recto que doblegó a Chilavert. Golazo que fue a gritar contra el alambrado,

pero perdió el equilibrio cuando pisó un cartel publicitario. Gracias a ese tanto, Boca se quedaba con dos puntos vitales para arrancar su camino al ansiado título local.

• 3 de septiembre de 1981: inicio de gira europea con Diego Maradona

"Esta gira con la selección me dejó agotado, intentaré dar lo mejor", avisó Diego en la previa del primer partido ante Zaragoza que finalmente fue derrota por 2-0 con los goles de Amarilla y Valdano. Dos días después París lo esperó con honores para el juego ante PSG y se quedó esperando un mejor *show*, hasta dispuso de dos chances concretas de gol que no pudo facturar. Boca se llevó la victoria con goles de Brindisi y Sánchez, y el 10 todos los *flashes* de su primer partido en la capital francesa.

• 4 de septiembre de 1994: golazo de Alberto Márcico en la derrota 1-2 ante Banfield en La Bombonera

Primera fecha del Apertura, aires renovados dentro del plantel con numerosas incorporaciones y voto de confianza de una Bombonera llena. En el césped, dos golazos de Banfield fueron la vuelta a la realidad. Aquel de Radaelli tras la jugada consagratoria de Javier Zanetti y otro de Julio Cruz al primer palo de un sorprendido Navarro Montoya. Los reproches de la multitud solo no cayeron en el Beto que empujó todo el partido hacia el arco de Comizzo y convirtió el gol del empate transitorio, en pared con Da Silva, gracias a un remate combado con derecha.

• 5 de septiembre de 1964: gol de Ángel Clemente Rojas para la victoria 3-0 ante San Lorenzo en La Bombonera

Tiro de esquina ejecutado con zurda por Alberto González, Rulli desorienta al Mono Irusta y dejó servido el cabezazo a Rojitas, quien puso la frente y doblegó al arquero azulgrana. Triunfo rubricado con el tanto del ídolo que se gestó en groseros errores defensivos visitantes que permitieron los dos primeros goles.

• 6 de septiembre de 1981: mientras Diego Maradona asombra a los parisinos, en Buenos Aires estallan problemas legales entre Boca y Argentinos

Con Diego Maradona y el resto del equipo en pleno periplo europeo, estallaron los problemas legales con la falta de pago a Argentinos Juniors por la cesión del 10: "El tema fue a la justicia y creo que se resolverá. Nosotros tenemos la intención y los medios para comprarlo. Estamos contando con gente que aportó individualmente y otros con las rifas. Sumale el apoyo de la Comisión directiva, todo se arreglará", expresó en París el dirigente Carlos Bello. "Quédese tranquilo, Domingo, yo estoy muy cómodo en Boca", lo tranquilizó Diego a Corigliano, vía telefónica.

• 7 de septiembre de 2018: gol de Edwin Cardona para ganar un difícil cruce de Copa Argentina ante San Martín de Tucumán

Partido complejo frente al Santo tucumano por los dieciseisavos de final de la Copa Argentina. El rival ganó la zona media y llegaba con facilidad hasta el arco de Esteban Andrada. Cuando todo era incertidumbre, a falta de 20 minutos, Edwin Cardona recibió por izquierda, avanzó hacia el área, hizo el corte característico hacia adentro y sacó un bombazo que tomó un efecto letal al rozar en un defensor de San Martín y se clavó junto al palo. Golazo para desatar una historia complicada y el festejo de la multitud que colmó el estadio Municipal de Formosa.

• 8 de septiembre de 1974: cuatro goles de Osvaldo Potente en el histórico 9-0 sobre Puerto Comercial de Bahía Blanca

Patota le puso luz y color a una tarde que pintaba fácil y terminó con números de goleada para el recuerdo. El rival presentó un equipo de emergencia porque su liga lo obligó a jugar un partido por su torneo y el equipo de Rogelio Domínguez no tuvo piedad. Su póker que hizo gritar a La Bombonera lo comenzó con empujar un rebote en el arquero, luego de una gran jugada de Picky Ferrero, continuó tras bajar un

centro de Pernía, sombrerito al arquero y empujó con el arco vacío, aprovechó una pelota suelta en la puerta del área para rematar a quemarropa y cerró la tarde con una volea luego de un lujo de Nicolás Novello. Potente se llevó la mayor ovación que entregó el jugador número 12.

• 8 de septiembre de 1981: gol de tiro libre de Diego Maradona a Milán en un amistoso disputado en San Siro

Boca perdía 1-0 su último compromiso por Europa. El árbitro local Pieri cobró una infracción cerca del área y allí fue Diego para apretar el gatillo de su zurda implacable. Golazo que dio pie a la victoria en pleno San Siro con un gol de Miguel Brindisi promediando la segunda etapa.

• 8 de septiembre de 1985: doblete de José Luis Irazoqui para dar vuelta el resultado ante Instituto

La Bombonera empujó con fervor a 11 jugadores que forzaban un empate que nunca llegaba. Hasta que a los 67 minutos José Luis Irazoqui ingresó por Ivar Stafuza. "Entro para ver si puedo empatar", declaró ante los micrófonos de "Fútbol de Primera" y cinco minutos después metió su primer tanto y sobre el final cerró el 3-1 definitivo para estallar de placer a todos los presentes. Irazoqui, producto de inferiores, no logró afirmarse en la titularidad pese a su elegancia y manejo de pelota, un poco por la presencia de Carlos Tapia como indiscutido y llegó a completar tan solo 29 partidos entre 1985 y 1988.

• 9 de septiembre de 1978: retorno de Osvaldo Potente en el 2-2 ante Cosmos en Nueva York donde convirtió un gol

"Tengo el pase en mi poder. Si Lorenzo acepta, me quedo", expresó Patota durante la gira. "Quiero que se ponga a punto", contrarrestó el Toto. En aquel amistoso, ingresó en el inicio del segundo tiempo por Mario Zanabria y, a falta de 17 minutos, armó una buena jugada en dupla con Saldaño, recibió el centro para conectar de cabeza y pasar a ganar el partido disputado en el Giants Stadium, sobre césped sintético con las marcas del fútbol americano.

- **10 de septiembre de 1992: "Decir que juego solo es mentira" disparó el Beto Márcico en un momento donde se lo marcaba como el jugador fundamental del equipo**

"Estoy teniendo más y mejor participación gracias a mis compañeros. No me considero imprescindible ni mucho menos que juego solo, eso es una mentira. Actualmente es una afirmación que ya no corre. Si no tenés compañeros a la altura, no funcionás". Claro y contundente, el Beto se expresaba en la previa del duelo ante Huracán, por el Apertura, cuando le preguntaron si todo el mérito del Boca puntero pasaba por él.

- **11 de septiembre de 1963: destacada labor de Ángel Clemente Rojas y Norberto Menéndez en la final de Copa Libertadores ante el Santos de Pelé**

El anhelo de Alberto J. Armando se hizo realidad y Boca llegó a la final de la Copa de Campeones, como se llamaba en aquel momento la Libertadores. Enfrente tuvo nada menos al Santos de Pelé, de los mejores equipos de la historia. Dio pelea en el Maracaná, cuando achicó el 0-3 a un 2-3 que encendió ilusiones con lamentos por situaciones que no pudieron concretar ni Rojitas ni Menéndez. En La Bombonera, el gol de Sanfilippo coronó el dominio *xeneize* mostrado a lo largo de los 47 minutos jugados pero, tras cartón, Coutinho empató el partido. Pese al golpe, Rojitas siguió inquietando con sus amagues, *dribblings* y manejo, mientras que el Beto jugó con claridad hasta pisar el área. En esa zona decisiva, ambos creativos no tuvieron la seguridad ni la fuerza para terminar sus intentos. Hasta que sobre el final Pelé, a pura habilidad, esquivó los golpes de Rattín y Silveira y definió sobre la salida de Errea para clausurar la final y quedarse por segundo año consecutivo con el máximo trofeo continental.

• 12 de septiembre de 1978: en la tapa de la revista *Goles*, Diego Maradona aparece vestido como jugador de Boca

"¡Cómo no me va a gustar jugar con la azul y oro!" tituló *Goles* aquella nota a doble página ilustrada con imágenes y declaraciones del Pelusa en modo *xeneize*. Días antes, el presidente de Boca, Alberto J. Armando, había asegurado: "Tarde o temprano Maradona jugará en Boca", lo cual provocó el enojo de sus pares de Argentinos. "Ha sido una falta de ética, han conversado con el jugador pasando por encima del club", bramaba Cónsoli. Mientras tanto, Diego repetía: "Me queda bien, ¿no? ¿Cómo no va a gustarme jugar con la de Boca?". Sus fotos posando con la camiseta boquense (la había cambiado con Mario Zanabria en un partido disputado un mes antes) dentro del zaguán de su casa de Villa del Parque quedaron para la historia.

• 13 de septiembre de 1996: los diarios publican la contratación de juveniles de Argentinos Juniors, entre ellos, Juan Román Riquelme

Jornada frenética en el cierre del libro de pases. Boca abrochó las incorporaciones de Hugo Romeo Guerra y Mauricio Pineda, e inscribió cablegráficamente a Martín Palermo, goleador de Estudiantes, junto a dos ignotos nigerianos de apellidos Eloka y Ndah. Por otro lado, a pedido de Carlos Bilardo y ojeadores del club, se concretó la compra de un paquete de juveniles de Argentinos Juniors, integrado por Emanuel Ruiz, Lucas Gatti y Juan Román Riquelme, quedando en suspenso las firmas de César La Paglia (el más buscado del combo), Fabricio Coloccini, Carlos Marinelli y Pablo Islas. "Tenés una oferta para ir a Boca, aunque la de River es mejor", le consultó Marcos Franchi, a lo que Román respondió: "Hacé lo posible para que pase a Boca". El sueldo riverplatense triplicaba al de Boca, sin embargo, nunca tuvo dudas de lo que quería que pasara.

• 14 de septiembre de 1977: Mario Zanabria jugó los 120 minutos y convirtió el tercer penal de la serie definitoria ante Cruzeiro en Montevideo que consagró por primera vez como campeones de América

La serie de penales que definía la Copa Libertadores estaba 2-2. Marito se paró frente al arco de la tribuna Amsterdam e intentó afirmarse en el fango. Fue con la cabeza levantada y la colocó de zurda, a media altura con la potencia suficiente para doblegar las manos de Raúl. "Toto era un conocedor de todo y casi siempre terminaba teniendo razón. Nos había pedido patear abajo. Yo tiré por arriba y casi me lo atajan", recordó el volante. Boca mantenía la efectividad que el Loco Gatti sacó provecho en el último disparo de los brasileños cuando se lo contuvo a Vanderley e hizo gritar campeón a la multitud azul y oro que llenó el estadio Centenario. "La Copa Libertadores era para lo que habíamos sido convocados. Juan Carlos (Lorenzo) nos dijo que había que cumplirle el sueño al presidente (Alberto) Armando y su cuenta pendiente era la Libertadores", recordó Marito en el especial "Boca y la Copa" del periodista Luis Gagnolo. El objetivo estaba cumplido. Boca era el dueño de América.

• 14 de septiembre de 1997: último gol de la carrera de Diego Maradona

Misma camiseta, misma Bombonera, mismo arco y la puso en el mismo lugar que aquel 22 de febrero contra Chocolate Baley. Su amigo Sergio Goycochea enfrente, gesto adusto antes de patear. Lo gritó como liberando tantas tensiones sufridas desde su *doping* positivo y la medida cautelar sin precedentes del juez Claudio Bonadio para que pudiera jugar aun suspendido. Su conteo de arcos rotos se cortó aquella primaveral tarde del barrio de La Boca con ese gol que abrió la tarde de victoria de su equipo por 2-1.

• 14 de septiembre de 2012: "Paredes será mi sucesor", declaró Juan Román Riquelme

"Ese pibe, Paredes, será mi sucesor. Yo ya cumplí todos mis sueños, ahora le toca a él". La conferencia de prensa que

efectuó Román en La Bombonera para confirmar la suspensión provisoria de su contrato tuvo su momento distendido cuando se refirió a Leandro Paredes que recién empezaba a tomar protagonismo en el equipo que entonces dirigía Julio César Falcioni. "Para mí, que Riquelme dijera que soy su sucesor es un orgullo y no me lo voy a olvidar nunca en mi vida porque lo afirmó antes de que empezara mi carrera", reconoció Leandro, un tiempo después.

• 15 de septiembre de 1940: gol de tiro libre de Bernardo Gandulla para vencer a Banfield 1-0

En la carrera hacia el título, Banfield se hizo un duro rival en el partido correspondiente a la fecha 21, jugado en una Bombonera llena que impulsó a todo el equipo contra el arco de Juan Besuzzo. A falta de 18 minutos, el Nano Gandulla dispuso de un tiro libre ideal para su pegada que se convirtió en el gol del triunfo.

• 16 de septiembre de 1934: Roberto Cherro marcó el gol de la victoria ante River como visitante

Boca gritó ante su multitud la primera victoria en la actual ubicación del estadio Monumental mediante un gol de Roberto cuando terminaba el primer tiempo. El equipo de Fortunato prolongaba su racha triunfal que lo depositaría en el título que le ganó brillantemente a Independiente, San Lorenzo y el propio River en un intenso mano a mano.

• 16 de septiembre de 1997: gran duelo de Diego Maradona con José Luis Chilavert en el 0-0 ante Vélez

Se puede afirmar que fue la última gran noche del 10, donde logró mostrar su raza de *crack* única en la historia. Ningún volante de Vélez pudo atarlo a su rienda y Diego fue feliz, pese a no poder quebrar el cero. Un cabezazo que sacó Pellegrino sobre la línea, encuentros con Caniggia y Palermo, dominio de pelota y el tiro libre que pedía ángulo y fue apenas rozado por Chilavert que pegó en el travesaño. Hasta la picante platea norte local lo despidió con una ovación de pie.

• 16 de septiembre de 2001: gol de Walter Gaitán para el empate ante River en el Monumental

Después de un primer tiempo adverso, el equipo de Carlos Bianchi fue con todo a buscar el empate impulsado por el aliento de toda la cabecera de Figueroa Alcorta. Hasta que cerca de los 40 minutos, Marchant tiró un centro elevado con zurda, la pelota cayó sobre el pie derecho de Riquelme que la tocó hacia el arco, rebotó en Comizzo y allí acudió Walter Gaitán para romper el arco, desatando un festejo alocado de todos. El riojano llegó a principios de 2001 y mantuvo buenos rendimientos en la Copa ganada, como alternativa y dupla junto a Román, algo que Boca extrañó en la final ante Bayern Múnich. Tras un semestre irregular con Tabárez, emigró a Tigres de México donde es considerado uno de los mejores jugadores de su historia.

• 17 de septiembre de 1971: tripleta de Osvaldo Potente en la goleada 4-0 ante Atlanta

El despliegue de Pocho Pianetti más el toque inteligente y veloz de Potente, sumado a su contundencia, fueron decisivos para redondear la goleada ante los Bohemios. Patota fue el ejecutor con dos golpes de cabeza y un toque suave sobre la salida del arquero visitante, Laino, luego de una gran jugada armada por Peracca y Ponce.

• 18 de septiembre de 1988: gran centro de Carlos Daniel Tapia para que Walter Perazzo abriera el marcador en el Superclásico

Por la segunda fecha de la temporada 88/89, se jugó un River-Boca lleno de expectativas debido a los fuertes movimientos en el mercado de pases que ambos ejecutaron más la presencia, en el banco de River, de César Luis Menotti. Pese a presentarse algunas situaciones, el empate parecía inevitable. Hasta que un centro cruzado de Walter Pico encontró a Tapia en la derecha. Con lo justo dominó la pelota y sobre la misma línea de fondo levantó un centro que cayó como un globo en la cabeza de Perazzo para el primer grito. Minutos más tarde, el Chino recibió la pelota en mitad de cancha y en-

tre una sucesión de patadas de los rivales logró mantener el balón y tocarla hacia Quique Hrabina, quien cruzó un pelotazo certero para que Alfredo Graciani le ganara en velocidad a Daniel Passarella y definiera sobre la salida del arquero. "Sé que la gente pide que la largue antes, pero también deben saber que traslado mucho para generar espacios", fue la explicación de Daniel en el vestuario ganador.

• 18 de septiembre de 2005: victoria 2-0 ante Gimnasia como visitante donde Federico Insúa convirtió su primer gol

El *team* del Coco estaba arriba 1-0 y necesitaba liquidarlo cuanto antes para asegurar otros tres puntos. A los 12 del segundo tiempo, un pelotazo alto fue bajado por Rodrigo Palacio al área. El defensor del lobo, Diego Werner, apresuró su rechazo y dejó la pelota en los pies del Pocho que, sin dudar, remató de zurda con total precisión para batir al Mono Navarro Montoya y rubricar el resultado final. Fue su primer grito con la azul y oro.

• 19 de septiembre de 1943: goles de Jaime Sarlanga y Bernardo Gandulla en la goleada 6-4 ante San Lorenzo en Boedo

Los goles iban y venían en la primaveral tarde del Gasómetro. San Lorenzo dominaba el juego y parecía aprovechar las tres sensibles bajas *xeneizes*: Lucho Sosa, Valussi y Severino Varela. Sin embargo, la hinchada quedó afónica con tanto grito, fabricado esencialmente desde el oportunismo de sus hombres de ataque. Piraña Sarlanga fotocopió sendos cabezazos, ambos provistos con dos centros a medida de Rosell. Sobre el cuarto de hora del segundo tiempo, Natalio Pescia jugó una pelota larga y alta que el Nano peinó de espaldas al arco para conquistar el 4-3 que volcó el partido definitivamente para los *xeneizes*.

• 20 de septiembre de 1998: dos participaciones decisivas de Juan Román Riquelme para el doblete de Martín Palermo ante Newell's

Sebastián Cejas había ahogado sus propios gritos de gol con solventes intervenciones. No obstante, siguió manejando los hilos de un equipo que fue voraz en el segundo tiempo para buscar la diferencia. Manejó en posición de 10 un ataque donde alargó el pase para Arruabarrena que tiró el centro a la carrera para el toque al gol del Loco. Minutos más tarde, recibió dentro del área un pase de Cagna y, de espaldas al arco, repentizó un toque para que Palermo con el arco de frente marcara su tercer doblete consecutivo en el Apertura.

• 21 de septiembre de 1997: último partido oficial en La Bombonera de Diego Maradona

Clásico ante San Lorenzo donde las emociones del partido no fueron acordes con lo que se prometía, pero su presencia en la cancha fue una preocupación para todo el cuadro azulgrana. Participó del segundo gol, armando una pared larga con Arruabarrena, donde tras la devolución del Vasco levantó la pelota hacia Cagna, que tocó de primera para la definición de Latorre. Faltando un minuto, dejó su lugar a Nelson Vivas y escuchó por última vez en un partido oficial jugado en la Bombonera la maravillosa voz de su pueblo.

• 22 de septiembre de 1973: Osvaldo Potente convirtió los tres goles de la victoria 3-1 sobre Estudiantes (La Plata)

La calidad y el talento, sumado a la contundencia de aquella noche de sábado en La Bombonera, resultaron un cóctel destructivo para los Pincharratas del doctor Bilardo. Siempre destapado para recibir y ejercer la conducción, clarificar la jugada con el toque justo más ese olfato que provocó aquella tripleta. Patota sorprendía a toda la Patria Futbolera con un presente excepcional, considerado como un jugador completo.

• 23 de septiembre de 2001: actuación brillante de Juan Román Riquelme con dos goles y dos pases gol para derrotar 6-1 a Lanús

El ambiente de La Bombonera estuvo denso antes y después del partido, porque la no continuidad de Carlos Bianchi a partir de 2002 había desatado el descontento de la masa. Después tuvo lugar la discusión en plena conferencia entre el Virrey y Mauricio Macri. En el medio, un partido de lujo de Román bajo cualquier prisma: en pases gol, como cuando la abrió a Delgado o metió una notable bisectriz para Gaitán. En el armado de la jugada, como en el segundo gol del Chelo o en la terminación de una contra, como su gol de cabeza. Sin dudas, un muy bien 10 felicitado para él.

• 24 de septiembre de 1997: Colo-Colo 2 Boca 1, fue su único partido por Copas continentales de Sudamérica de Diego Maradona

Había jugado casi completos los duelos por el Apertura contra Vélez y San Lorenzo, pero el viaje a Santiago de Chile lo puso por encima de los dolores musculares. El estadio Monumental de Colo-Colo estaba repleto de un público que fue atraído por su leyenda, más que por un choque de fase de grupos en la última supercopa de la historia. El Bambino Veira dispuso que compartiera ataque con Caniggia y el mexicano Hernández, con quienes tuvo buenas conexiones en el comienzo. Sin embargo, aquel primer tiempo fue encadenando fatalidades: lesión muscular de Caniggia (reemplazado por Palermo), error grosero de Córdoba en el gol albo y su contractura que no le permitió salir a jugar el segundo tiempo.

• 25 de septiembre de 1938: último partido de Roberto Cherro en la derrota 2-1 ante Racing donde fue expulsado

Tanta gloria no merecía un final de ese tipo. El Cabecita de Oro cerraba su brillante campaña de 12 años con la azul y oro en la derrota acontecida en la cancha de Ferro, con el agravante de la expulsión minutos antes de la finalización del primer tiempo. Cerró sus años boquenses con números escalofriantes: 305 partidos y 223 goles convertidos.

• 26 de septiembre de 1992: pese al 0-0 contra Ferro, Alberto Márcico levantó una ovación de La Bombonera por su entrega

La Bombonera se conmovió en un grito al unísono: "Ole, ole, olé, Beto, Betó". Se escapaba un punto importante y no había conformismo pese a las oportunas atajadas de Germán Burgos. El Beto Márcico había regado de sudor el pasto y comenzaba a arrastrar esa molestia muscular que lo acompañó hasta el final del Apertura: "Que el hincha se quede tranquilo que hicimos todo lo posible por ganar. Durante 85 minutos metimos a Ferro contra su cancha, meta *pressing*, solo nos faltó el gol", relativizó el Beto luego del reconocimiento de propios y extraños: "Márcico es el mejor jugador del fútbol local", declaró Carlos Griguol al terminar el partido.

• 27 de septiembre de 1981: golazo de Diego Maradona a River en La Bombonera

La única derrota en superclásicos oficiales de su carrera también tuvo un punto rescatable, que fue un gol, tan extraño como espectacular, que convirtió a los 20 minutos de juego. Diego apuró un lateral del lado de los palcos de la Bombonera, Córdoba se la devolvió de cabeza, el 10 la dominó y sacó un remate chanfleado que dibujó un viaje mágico hacia el arco de un sorprendido Pato Fillol. El partido cambió completamente en la segunda etapa y los millonarios se llevaron la victoria por 3-2 para Núñez. "El partido fue uno de los mejores del año y en mi gol vi el hueco entre el Pato y el primer palo, por lo que traté de sorprenderlo. Creo que cuando reaccionó, la pelota ya estaba adentro", comentó Maradona, con gesto triste por el partido perdido.

- **28 de septiembre de 2013: Juan Román Riquelme igualó a Silvio Marzolini como el futbolista con más presencias en La Bombonera, en la victoria 2-0 sobre Quilmes por el torneo Inicial**

Alcanzó el récord de 194 partidos oficiales jugados por un futbolista de Boca en La Bombonera, que pertenecía a Silvio Marzolini, quien aguardó su ingreso y entregó orgulloso la plaqueta que homenajeaba a quien le estaba arrebatando su récord de presencias en el máximo templo de la grey bostera, que había conseguido entre 1960 y 1972. Habían pasado casi 17 años desde su primera vez en La Bombonera, tres ciclos como jugador, y Román sumaba 182 partidos como titular y 11 ingresando desde el banco de suplentes. La ovación hacia dos referentes lujosos de la historia de Boca fue ensordecedora.

- **29 de septiembre de 1985: gol de emboquillada de Carlos Daniel Tapia a Estudiantes para la victoria 1-0 sobre Estudiantes (La Plata)**

La recibió de Ivar Stafuza en un hueco que descuidó la defensa local y cuando vi salir a Luis Islas, se la tocó con su empeine sobre su cuerpo, bien bombeada para que caiga directamente adentro del arco. Golazo del Chino que provocó una avalancha preciosa en la tribuna visitante. "Estaba perfectamente habilitado. No dudé un instante cuando salió Islas, la toqué por arriba y salí a festejar, aún con la pelota en viaje hacia el arco", explicó el 10.

- **30 de septiembre de 1995: regreso a Boca en el amistoso ante Corea del Sur con triunfo 2-1**

La mitad más uno, que esperó largos 14 años para verlo regresar, despertó alegremente sobre el amanecer de aquel sábado para ser testigo desde su televisor de un momento muy deseado. La multitud presente en el estadio Olímpico de Seúl observó a un Diego figura, que disputó 87 minutos reluciendo ese mechón rubio que marcó tendencia, con pase gol precioso a la cabeza de Mac Allister para el 1-0 y arengando a toda la tropa para que fuera el puntapié inicial de un fin de carrera soñado. "Disfruté de todo. Boca jugó excelente, yo jugué mejor de lo que pensaba. Me sentí maravillosamente bien, de todos los regresos este fue el mejor, sin dudas", declaraba contento el 10 en una rueda de prensa realizada en el hotel.

CAPÍTULO 10

OCTUBRE

- **1 de octubre de 1988: Carlos Daniel Tapia convirtió el gol del triunfo ante Deportivo Español**

Un grosero error del uruguayo José Batista, al tocar la pelota hacia atrás, habilitó sin querer a Tapia quien encaró a Pedro Catalano y definió con un zurdazo inatajable. La multitud que completó el Amalfitani aquel sábado de noche saboreó la victoria que serviría de impulso para ser protagonistas de la temporada: "Todo el mundo me dice que me regalaron el gol. Es cierto, porque corté el mal pase atrás, pero también forma parte de un movimiento, que comprendió una fuerte presión en salida de Perazzo y Comas sobre Batista que lo obligó al error", declaró el Chino ya en su casa de San Miguel.

- **2 de octubre de 2011: apertura de Juan Román Riquelme mediante un tiro libre para que Rivero tirara un buscapié al área que terminó con el gol de la victoria ante Tigre 1-0**

Poco después del inicio, Boca fue a encerrar a Tigre y zamarreó el árbol hasta convertir el primero. Un tiro libre cerca del área provocó que el cuadro de Victoria se blindara para evitar el remate de Román. Pero el 10 frotó su mente y la abrió para

Diego Rivero que sacó un tiro cruzado que pegó en las piernas de Castaño antes de meterse al arco. Con ese gol, se sumaron otros tres puntos valiosos.

• 3 de octubre de 1969: primera tripleta de Ángel Clemente Rojas en la goleada 6-0 sobre Talleres de Córdoba por el Nacional

La novedad para todos los presentes aquella noche fue el nuevo sistema de iluminación de La Bombonera. El lujoso juego del equipo ya se había transformado en costumbre y aquella aplastante diferencia contra los cordobeses lo certificaba. El Muñeco Madurga fue la figura gracias a su toque y el sorpresivo pique al vacío. No obstante, la ovación más fervorosa de la noche se la llevaron los tres goles de Ángel Clemente Rojas, aunque haya errado varios más.

• 4 de octubre de 2009: golazo de Juan Román Riquelme a Vélez

En la tarde-noche histórica de Martín Palermo, que metió un gol de cabeza desde 38 metros, Román firmó un golazo que solo la hazaña del Titán pudo opacar. Recibió cerca del área, levantó la vista, fijó la mirilla en el ángulo superior izquierdo de Germán Montoya y sacó un derechazo de alta calidad que pegó en el travesaño y se metió bien adentro, para empatar transitoriamente un partido más que complicado. El Boca del Coco venía a los tumbos y esa victoria lo revitalizó a tal punto que sumó diez de los siguientes 12 puntos.

• 5 de octubre de 1930: dos goles de Roberto Cherro en el 6-0 ante San Fernando

Aquel equipo *xeneize* era quien marcaba la pauta en el fútbol que transitaba su cambio definitivo al profesionalismo. Tras su clásico cabezazo sobre el final del primer tiempo, Cabecita de Oro abrió la goleada que él mismo selló sobre el epílogo ante un estadio de Platense colmado por la masa azul y oro.

• 6 de octubre de 1981: Diego Maradona desató la locura en Costa de Marfil jugando dos amistosos

Entre tantos periplos con fines recaudatorios, sin dudas, esta fue la gira más excéntrica. Después de empatar 0-0 por el Nacional ante San Lorenzo, el plantel cruzó el Atlántico para jugar dos partidos ante equipos de Costa de Marfil. El primero fue goleada 5-2 contra el Stade d'Abidjan con dos goles suyos. El segundo, dos días después, fue triunfo 3-2 sobre un terreno fangoso contra Asec de la misma ciudad, rival que metió mucha pierna fuerte y se adjudicó el Elefante de Marfil, en medio de muchas demostraciones de afecto del pueblo marfileño hacia el Pelusa.

• 7 de octubre de 1995: primer partido oficial de Diego Maradona tras 13 años y diez meses

El templo hirviente de La Boca se llenó bien temprano, como aquel febrero de 1981. Habían pasado 13 años y diez meses para verlo en un partido oficial con los colores más queridos. Un recibimiento nacido desde las entrañas de tanto amor correspondido, donde una caja de regalos se abrió para que sus hijas, Dalma y Giannina, provocaran sus únicas lágrimas de la tarde. Partido sucio, de pierna fuerte, con demasiados nervios. Hasta él debió meterse a raspar. El punto culminante fue el escándalo donde vio la roja el Huevo Toresani, que tampoco cambió la fisonomía del espectáculo. Reloj en el minuto 46, centro a medida del Kily González a la cabeza de Scotto para que estallara el Diego, para que La Bombonera tocara el cielo de la locura mayor. Vestuario feliz, festejo más íntimo en el Soul Café, mensaje de invitación a Julio Toresani para que lo visitara en Segurola y Habana y felicidad, mucha felicidad por cumplir el sueño de volver. "Boca es el amor de mi vida. Cuando entré a la cancha y vi toda esa gente, pensé: ¿Cómo podemos perder? Por eso volaba, estaba rapidito, pero la aparición de la nenas me mató. Agradezco la intención, pero ya estaba concentrado para jugar y que se desarme una caja, estén mis hijas con un cartel que dice ´Gracias por volver´, me llevó todo el primer tiempo reconectarme con el partido", un sincero Diego dejaba sus impresiones a sus compañeros de mesa cuando el sábado inoxidable ya terminaba.

• 8 de octubre de 2009: dos lujosos pases gol de Juan Román Riquelme para derrotar 2-1 a Racing en Avellaneda

Primer tiempo funesto de Boca en el Cilindro. Sin conexiones ofensivas y muy inestable en defensa. El Coco usó en el entretiempo el método más rápido: frotó la lámpara y apareció un Román vestido de genio que concede deseos. El 10 salió a comerse el segundo tiempo con un nivel altísimo de juego. Ya en el inicio sacó un potente derechazo que se le colaba a De Olivera; pegó en el palo y Lucas Viatri empujó a la red. Un rato después, condujo el ataque junto a Viatri, el centrodelantero se la devolvió y JR, de espaldas, taqueó para Viatri, que remató potente al gol. En menos de 15 minutos, había resuelto una noche problemática para Boca.

• 9 de octubre de 2021: volvió el público a La Bombonera luego de la pandemia de COVID-19 con triunfo 4-2 sobre Lanús y buenas actuaciones de Edwin Cardona y Aaron Molinas

El gol de Ignacio Malcorra sacudió a Boca que fue con todo a revertir el resultado bajo la conducción del colombiano, quien alimentó a los atacantes con juego y variantes, ubicado entre la línea de volantes y defensores granates. En un mal movimiento, Edwin sintió un dolor muscular que lo sacó de la cancha. En su reemplazo, ingresó Aaron Molinas en posición de 10, quien le agregó verticalidad a la posesión del balón. El público que se reencontraba con La Bombonera, tras 19 meses, pudo gozar una buena victoria del equipo de Battaglia.

• 10 de octubre de 1995: Alberto Márcico convirtió su último gol en la derrota 3-2 ante San Pablo por la Supercopa

Partido para cumplir, dado que Boca ya había quedado sin chances en el torneo continental. Silvio Marzolini dispuso un equipo integrado por jugadores no titulares y, pese a la derrota, quedó en los libros por ser el último de los 15 goles oficiales que convirtió el Beto en su paso por el club. Cuando se terminaba el primer tiempo, su remate con derecha dejó estático a Zetti.

• 11 de octubre de 1992: victoria histórica ante River 1-0 por el Apertura con presencia de Carlos Tapia y Alberto Márcico

¡Qué victoria más festejada aquella en La Bombonera! El gol del Manteca, el grito subido al alambrado, el penal del Mono a Hernán Díaz. Todo en un mismo superclásico que pasó a la historia grande. Tapia dispuso de dos llegadas claras en el primer tiempo: ni bien comenzado el partido, entrando por derecha su zapatazo con zurda se fue por arriba y promediando la etapa, ingresó por izquierda y su remate se elevó. Por el lado del Beto, administró el balón, fue al frente en búsqueda de sociedades con Cabañas y Martínez hasta que su molestia muscular dijo basta y pidió el cambio a falta de 30 minutos. Desde las tribunas, un Diego Armando Maradona muy feliz, junto a su padre, el plantel del Sevilla y el actor Carlos Andrés Calvo, disfrutaron de todo lo vivido durante esa tarde.

• 12 de octubre de 1981: "No aguanto más", nota bomba en *El Gráfico* recién salida del horno. Diego Maradona estaba cansado del fútbol

El día anterior abrió y cerró la goleada 7-1 ante San Lorenzo de Mar del Plata con un golazo de cabeza desde la línea del área chica y un tiro libre perfecto al ángulo. Pero el foco de los medios estuvo en declaraciones sorprendentes a su confidente Guillermo Blanco que rebotaron en todos lados: "Quiero dejar. No estoy loco, lo hablé con mi papá, Jorge y Miguel (Brindisi). Así no quiero seguir más. Cambio todo, la fama, los autos, por la tranquilidad. Quiero que la gente se olvide de Maradona, que los diarios no hablen más de mí".

• 13 de octubre de 1994: El Beto Márcico convirtió un penal en la definición ganada ante River por los Cuartos de Final de la Supercopa

El Gráfico calificó con un nueve su actuación a base de todo el sacrificio y talento mostrado en 90 minutos bien disímiles: el primero con Boca a todo vapor y el segundo con el rival prevaleciendo. Ejecutó el primer penal de la tanda con su habitual suficiencia y fue uno de los más felices en el festejo de la clasificación a semifinales de la Supercopa.

• 14 de octubre de 1992: Diego Maradona jugó el segundo tiempo del amistoso entre Boca y Sevilla y le marcó un gol a su club de entonces

Después de vibrar como hincha el Superclásico del domingo, jugó el amistoso del día siguiente en el estadio Chateau Carreras ante los juveniles de Boca, donde su equipo venció 3-1. Dos días después jugó un tiempo para los andaluces y otro para los *xeneizes* en La Bombonera, donde señaló el último gol de la noche con la azul y oro puesta.

• 15 de octubre de 1995: gol de tiro libre de Diego Maradona a Argentinos Juniors, el primero en su vuelta

Todo lo que Diego tocaba lo convertía en oro en aquellos tiempos. Estadios repletos, rivales motivados, hordas de hinchas *xeneizes* peregrinando por todo el país. En su segundo partido, debió enfrentar por primera vez a los colores que lo vieron nacer futbolísticamente, cuya hinchada tuvo un trato hostil por haber cambiado su destino hacia Newell's en 1993. Sobre la media hora del segundo tiempo, tiro libre ideal para su zurda, que clavó en el ángulo de la mano derecha de Damián Maltagliatti. Primero hizo silencio y luego sostuvo varios segundos un grito de desahogo en medio de la celebración del 90% del Amalfitani: "Tengo suerte, cada vez que hay una fecha importante, hago algo para dedicar y justo hoy es el Día de la Madre. Se lo pude dedicar a la Tota", declaró mirando a su madre, que fue por su saludo a la zona de vestuarios.

• 16 de octubre de 2011: Juan Román Riquelme sufrió una inflamación en el talón izquierdo y Christian Chávez fue el elegido de Falcioni para sustituirlo

Los dolores pudieron más y Román hizo la inequívoca seña al banco para solicitar el cambio. En su lugar ingresó Leandro Gracián para afrontar los 37 minutos que restaban del partido ante Belgrano. Durante la semana se confirmó que la talanitis (inflamación en su talón izquierdo) y su fascitis plantar crónica lo sacaban de las canchas por tiempo indeterminado. Julio Falcioni optó por el Pochi para ser el conductor del equipo, quien mantuvo buenas sociedades con Mouche, Blandi y Cvitanich para redondear el título. Siempre a la espera de su explosión definitiva, fue cedido a Lanús, Unión Española de Chile y Jorge Wilstermann de Bolivia, donde se afianzó como referente e ídolo del equipo.

• 17 de octubre de 1996: nota de Diario Olé a Juan Román Riquelme donde se definió como cinco de juego y admiraba a Fernando Redondo, Juan Sebastián Verón y José Luis Villarreal

Mientras Boca desarrollaba una campaña que rozaba la decepción, Román ya participaba de los entrenamientos de la Primera, jugaba en Reserva y era considerado por Carlos Bilardo para, en cualquier momento, dar el salto al equipo titular. Aquel día se publicó una breve nota en un recuadro, donde el periodista especializado en divisiones inferiores, Horacio García, lo presentaba en sociedad. "Mi fuerte es hacer jugar al equipo" y "mis referentes en el puesto son el manejo de José Luis Villarreal, la dinámica de Verón y la clase de Fernando Redondo, que es mi ídolo", remarcó Román.

• 18 de octubre de 1970: Ángel Clemente Rojas marcó dos goles en la victoria 3-2 sobre Central en La Bombonera

La derrota parcial 2-0 con el que se cerró el primer tiempo presagiaba una tarde de reproches en La Bombonera. Sin embargo, a pura voluntad y empujado por las virtudes de Rojitas, terminó siendo una jornada de las que el hincha siempre mejor recuerda. El ídolo se anotó con un doblete, el primero gracias a un giro notable sobre la marca de Pascuttini, que lo dejó de cara al arquero Menutti para someterlo con un toque al primer palo. Un rato más tarde aprovechó un resbalón de Fanesi, encaró hacia el arco y definió con un tiro cruzado. El triunfo llegó mediante un córner olímpico de Jorge Coch.

• 19 de octubre de 1994: gol de penal de Alberto Márcico para la victoria 2-0 ante el San Pablo, campeón del mundo vigente, por la semifinal de la Supercopa

Encuentro entre Polillita Da Silva y Manteca Martínez, el goleador entró al área y cuando enganchó para definir chocó con Gilmar. Penal cobrado por el árbitro chileno Imperatore.

Acomodó la pelota el Beto y sin dudar lo ejecuta cruzado a la derecha de Zetti. Antes del cierre del primer tiempo, Boca sacaba dos goles de ventaja en la ida de las semifinales.

• 19 de octubre de 2008: actuación decisiva de Juan Román Riquelme para la victoria 1-0 sobre River

La semana había sido tensa por un cruce de palabras con su compañero Julio César Cáceres, pero el foco estaba puesto en el Superclásico, que determinaría las chances *xeneizes* en el Torneo Apertura. En una formación titular con muchos jóvenes, Román fue el sostén futbolístico; Battaglia, el león del mediocampo; e Ibarra, la experiencia. El Negro fue expulsado sobre el inicio del segundo tiempo y allí creció la figura del 10. Tiro libre marca registrada para el gol de cabeza de Viatri, un remate rasante que salió pegado al poste, un córner cerrado que pegó en el palo y la joyita del final, cuando bajó un rechazo que iba a cualquier parte y, de taco, habilitó a Dátolo. Se iba camino al segundo gol, pero Baldassi decidió terminar el partido ahí. Tres puntos de oro para empezar a trepar en la tabla.

• 20 de octubre de 1935: gol de Roberto Cherro para la goleada 5-1 sobre Estudiantes en La Plata

La Plata fue otra escala de aquel deslumbrante equipo que obtuvo el bicampeonato. Roberto aportó su acostumbrado gol de cabeza cerca de la media hora del complemento para rubricar una actuación y resultado que ya no sorprendía a nadie. El *team* de Mario Fortunato ganaba, gustaba y goleaba.

• 21 de octubre de 1969: nota *El Gráfico* para Ángel Clemente Rojas y su reencuentro con el mejor nivel

El Rojitas modelo 69, dentro de un equipo que extasiaba a propios y extraños con picos de rendimientos altísimos, mostraba una loable actitud ofensiva, con su rol de gambeteador a disposición del conjunto, muy movedizo y generoso para el desmarque. Muchas veces su instinto puede arruinar algún contragolpe certero. Su comunicación con la tribuna sigue intacta como todo ídolo que se precie de tal: "Angelito, Angelito, atrona al empezar y terminar cada partido".

- **22 de octubre de 2000: doblete de Juan Román Riquelme ante Vélez por el Apertura**

Luego del pase al pie para el gol del Chelo, tuvo nueve minutos de magia intensa en los que sometió a José Luis Chilavert con dos golazos con su sello y firma. En el primero, fue a buscar el centro al corazón del área por parte de Delgado. Con tiempo, dominó y sacó el "tac" que dejó estacado al arquero paraguayo. En el segundo, fue buscando su posición en el área mientras el Negro Ibarra maradoneaba detrás suyo, hasta que pudo meterle el pase certero para que definiera de derecha sobre la salida de Chila. Aporte fundamental para un triunfo decisivo en la pelea por el título.

- **23 de octubre de 1997: Juan Román Riquelme jugó los 90 minutos en la derrota 2-1 ante Cruzeiro por la Supercopa**

El encuentro ante el entonces campeón de América sobraba en la agenda de un equipo enfocado en el superclásico que jugaría 48 horas después, a tal punto que ni el DT, Héctor Veira, viajó a Belo Horizonte. Por eso, los 11 titulares fueron habituales suplentes y allí apareció Román, por primera vez en una noche copera, con la camiseta número 20, haciendo dupla con su compadre, César La Paglia. Los goles de Gelson y Marcelo liquidaron cualquier gesta y confirmaron la eliminación *xeneize* de la última edición de aquel certamen internacional.

- **24 de octubre de 1965: gol de cabeza de Ángel Clemente Rojas para salvar el punto ante Huracán en La Bombonera, con Norberto Menéndez de figura**

Luego de conseguir la ventaja parcial, el Globo se abroqueló contra su área y achicó todos los espacios para la creación *xeneize*. En ese contexto, se destacó el Beto por su claridad, riqueza técnica, así como también por su lucha para generar situaciones de gol. Y el empate llegó por un ollazo donde el Tanque Rojas atrajo la marca de los centrales visitántes y la pelota le cayó a un solitario Rojitas que conectó un cabezazo para batir a Butticce.

• 25 de octubre de 1997: último partido oficial de Diego Maradona reemplazado por Juan Román Riquelme

Diego había ido toda la semana a entrenar a bordo de un camión Scania. Sin saberlo (o sí) preparaba su última batalla: ir al Monumental a sacar a River de la punta. Su amigo, Enzo Francescoli, se había bajado por una lesión muscular, pero igual tenía un saludo frío para un contrario, en este caso, nada menos que Ramón Díaz. Sus movimientos dentro de la cancha fueron tan inexpresivos como ese choque de manos y pidió el cambio en el entretiempo, dentro de un equipo que se fue al vestuario derrotado y superado por el rival. El Bambino Veira decidió que Riquelme reemplazara a Vivas y Caniggia a Diego. El número 20 de Román tomó el bastón de mando y se hizo dueño de la pelota durante el resto del juego, donde el empate rápido de Julio César Toresani emparejó el trámite. Riquelme, Solano y Latorre fabricaban juego, Caniggia y Palermo movían la tierra de la defensa local. Se desató un chaparrón primaveral, Burgos le ahogó el grito a Cani. Córner. Anticipó Arruabarrena, la pelota se elevó, Palermo saltó como subido a una escalera con un cabezazo que picó delante de los defensores locales, dio vuelta el resultado: "A River se le cayó la bombacha", tiró un eufórico Diego a los micrófonos. Si bien no se pudo arrebatar el título del Apertura 97, aquella jornada tuvo su marca imborrable en la historia: ¡Chau, Diego! ¡Hola, Román!

• 25 de octubre de 2009: pase de taco de Juan Román Riquelme a Martín Palermo para el gol del empate ante River

Para el segundo tiempo, Basile ordenó jugar en campo contrario, por eso agregó a la línea del mediocampo la agresividad del chileno Medel. Román era definitivamente el eje del equipo, bajando para tocar y acelerando la jugada en ofensiva. Luego de las expulsiones de Villagra, en River, y Cáceres, en Boca, aparecieron más espacios. Sobre los 18 minutos, el 10 tocó en media cancha y subió. Le marcó el pase a Nicolás Gaitán, pero al ver que se había pasado de largo, metió un taco colosal de "tomá y hacelo" para que Palermo igualara el resultado y se convirtiera en el máximo goleador de Boca en superclásicos de todos los tiempos.

• 26 de octubre de 1989: José Daniel Ponce convirtió de penal el primer gol en la recordada Supercopa

Aquel Boca de Aimar tomó la Supercopa como una alternativa a un torneo local donde la irregularidad era una patología sin resolver. En el duelo de cuartos de final tocó Racing, el último campeón. Un empate desabrido en La Bombonera pasó toda la emoción al Cilindro, donde antes del cuarto de hora Graciani quedó mano a mano contra Vivalda, quien le cometió penal. El Bocha Ponce convirtió mediante un zurdazo junto al palo. La Academia empató rápidamente, pero en el segundo tiempo, otra vez la pegada precisa del mendocino puso la pelota en la cabeza de José Luis Cuciuffo para decretar el 2-1 final y clasificación a semifinales. Ponce jugó toda la temporada, pero no renovó su préstamo y se alejó a mediados de 1990.

• 27 de octubre de 1968: primer gol de Ángel Clemente Rojas a River para la victoria 3-1 en La Bombonera

La excelente *performance* del equipo tuvo su génesis en la sociedad entre Rojitas y Pianetti que aportaron potencia y desequilibrio a los ataques. El ídolo aportó el 1-0 con una peinada que descolocó a Gatti y protagonizó un segundo tiempo admirable desde su ya conocida cintura, habilidad, con firmas exclusivas en la construcción de los otros dos goles: el segundo luego de un encuentro en velocidad con Pianetti y el tercero a pura gambeta para dejar despatarrados a Miguel Ángel López y Roberto Matosas que el Pocho solo tuvo que empujar a la red.

• 27 de octubre de 1992: gran pase de Carlos Daniel Tapia a Sergio Martínez para abrir el triunfo ante Central 3-0

El Chino recibió en tres cuartos de cancha del lado de los palcos, levantó la cabeza y la colocó rasante, larga para el Manteca, quien acompañó la fuerza de la pelota con un zur-

dazo fuerte que se metió entre los brazos de Tito Bonnano. Boca pasaba a ganar un partido que lo posicionó en la tranquilidad de la cima del Apertura que luego liquidó el paraguayo Cabañas con dos goles de su autoría.

• 28 de octubre de 2012: buen ingreso de Leandro Paredes para levantar un 0-2 en el Monumental

El primer superclásico luego del descenso del eterno rival se consumía con victoria local hasta que Santiago Silva de penal logró el descuento. Entonces, Julio César Falcioni metió a Leandro Paredes por Pochi Chávez en busca de mejor circulación y media distancia. Sobre el minuto final, el volante tomó un rebote, cruzó con decisión la mitad de la cancha y jugó para Lautaro Acosta. El centro del Laucha fue bajado por Silva para que Erviti definiera por abajo. El 2-2 final desató los festejos en la popular visitante.

• 29 de octubre de 1933: Roberto Cherro convirtió los dos goles de la victoria ante Independiente

El estadio de Brandsen y del Crucero vibró con la décima victoria consecutiva del *team* de Mario Fortunato, gracias a las apariciones goleadoras de Roberto quien, a los nueve y 27 minutos del segundo tiempo sometió al arquero Blas Bello, para desatar el delirio de todos los presentes.

• 29 de octubre de 2005: golazo de Federico Insúa para abrir la victoria 2-1 sobre Newell´s

Entre Fernando Gago y Rodrigo Palacio construyeron la jugada por izquierda. El delantero aceleró cerca del área y la jugó para el Pocho, que recibió con espacios para acomodar su zurdazo que viajó implacable contra el palo de la mano izquierda de Justo Villar. Así Federico Insúa festejaba su primer gol como jugador de Boca en La Bombonera.

• 30 de octubre de 1960: nacimiento de Diego Armando Maradona

¿Realmente importa si Diego Armando Maradona fue hincha de Boca desde la cuna misma? ¿Si aquellos partidos coperos de Independiente los iba a ver en calidad de hincha fanático del Rojo y del Bocha o como alguien amante del fútbol que va a cualquier cancha? Diego Armando Maradona llegó al club como mejor jugador del mundo y aquel inolvidable año 81 terminó abruptamente, expulsado en la ida de cuartos de final ante Vélez y luego afectado a la concentración de Menotti para el Mundial 82. Su paso dejó un club en ruina financiera pero, al mismo tiempo, el romance entre ambas partes fue creciendo hasta sentirse cerca mutuamente de triunfos y fracasos. Cuando Boca peor la pasaba, Diego se mostraba más bostero, lo que también le valió cánticos en contra de otras hinchadas. Cuando Diego tuvo sus problemas vinculados con su adicción, el jugador número 12 lo apoyó hasta la locura. Su regreso conmocionó a todos, pero deportivamente entregó solo algunas pinceladas del mejor Diego. ¿Y? Andar con la camiseta de Boca en cualquier punto del planeta y que la primera referencia sea "¿Maradona?", gracias a aquella identificación de los años 80, el aliento desde el palco junto a familiares tras su retiro, sus "colaboraciones como asesor" en los ciclos de Menotti en el 94 y Basile en 2005. El Diego partió hacia la eternidad, y, como nada es casualidad, el último público que lo pudo ovacionar fue el jugador número 12 en La Bombonera una noche que Boca salió campeón.

• 31 de octubre de 1993: golazo de tiro libre de Marcelo Tejera a Gimnasia y Tiro

Marcos Marcelo Tejera se paró frente a la pelota y clavó el tiro libre en el ángulo superior derecho. Golazo para liquidar el partido ante Gimnasia y Tiro de Salta y redondear su único momento de felicidad con la azul y oro. Había llegado a principios de temporada para jugar de 10 clásico acompañando al Beto Márcico, pero nunca demostró el potencial observado años anteriores en las selecciones juveniles uruguayas. Ni siquiera el arribo de César Luis Menotti levantó su rendimiento y su paso por el club quedó en la mayor intrascendencia.

CAPÍTULO 11

NOVIEMBRE

- **1 de noviembre de 1981: dos goles de Diego Maradona a River en el empate 2-2 por el Nacional**

Fue su último Superclásico del primer ciclo en Boca. River sacó ventaja gracias a un golazo de J. J. López desde casi la raya central dentro de una actuación de Diego con chispazos de calidad. Sobre el final del primer tiempo, un chanfle perfecto de zurda tocó el poste y se metió "Dejamelo que lo pateo yo le dije a Brindisi. Me tenía una fe ciega. La única posibilidad era por arriba de la barrera, entró por el único ángulo posible", reconoció. En la segunda mitad, José María Vieta puso de carambola el 2-1, resultado que se mantuvo hasta el minuto final, cuando el 10 peinó para Brindisi, que fue derribado por Gallego dentro del área. El árbitro, Teodoro Nitti, advirtió que solo quedaba patear el penal y se terminaba. Entonces cruzó el zurdazo engañando al Pato Fillol para el empate definitivo. "El réferi me avisó que no había rebote. Cuando tomé carrera vi que el Pato se jugó hacia la derecha, entonces la aseguré fuerte al otro lado", declaró en vestuarios.

• 2 de noviembre de 2008: gol de tiro libre de Juan Román Riquelme para vencer a San Lorenzo y alcanzarlo en la punta del Apertura

Todo Boca estaba conmovido por la muerte repentina de su presidente Pedro Pompilio, acontecida 72 horas antes. Por eso, además de los homenajes previos al partido, no extrañó que Román, cuando marcó su gol de tiro libre combado y venenoso, y mientras los hinchas deliraban, se fuera a festejar haciendo el Topo Gigio con la mirada fija hacia el palco presidencial, donde el mandamás *xeneize* ya no estaba. Se levantó la camiseta azul y oro, y mostró otra con la leyenda: "Gracias por todo, Pedro". Pompilio había sido el dirigente que más había peleado para su regreso y él agradecía. El triunfo ante el Ciclón depositó a Boca en la punta de un torneo infartante.

• 3 de noviembre de 2012: gran actuación y dos golazos de Leandro Paredes en la victoria 3-1 ante San Lorenzo

Aquellos minutos finales en el Monumental y la práctica de fútbol donde convirtió tres goles, fueron el mejor espaldarazo para que seis días después Julio Falcioni lo incluyera entre los titulares del clásico contra los azulgranas. A los cuatro minutos ya pagaba la confianza con un derechazo recto que se metió junto al palo de la mano derecha de Migliore. Tras el empate visitante, Pol Fernández se la sirvió al pie y esta vez la acomodó para sacar otro derechazo, pero al de la mano izquierda del guardameta ex Boca. Dos golazos de Leandro Paredes para llevarse todos los aplausos de una tarde feliz en La Bombonera.

• 4 de noviembre de 1979: tras una lesión en la rodilla, regresó Mario Zanabria en la victoria ante Instituto

Su último partido había sido la final de la Libertadores ante Olimpia, un poco más de tres meses atrás. Ya recuperado el Toto lo mandó a la cancha para que formara una sociedad con Juan Ramón Rocha, el mejor jugador del equipo por entonces. Se lo notó con falta de fútbol y dinámica por el tiempo sin jugar. En el tiro libre que derivó en el segundo tanto, se paró junto a Carlos Squeo, pero la ejecución fue de Rocha, quien hizo gritar a La Bombonera.

• 5 de noviembre de 2017: golazo de tiro libre de Edwin Cardona en el Monumental, luego fue expulsado

El planchazo torpe de Nacho Fernández impactó de lleno contra su tórax. Pitana mostró la roja al volante millonario y cuando los médicos terminaron de sanarlo se encontró de frente al arco con un tiro libre a su gusto. Remató con derecha, por encima de la barrera, y se clavó en el ángulo de Lux. Golazo para abrir el Superclásico que terminó con triunfo 2-1 en la fecha 8 de la temporada 17/18. La tarde no fue completa para él porque sobre el inicio del segundo tiempo, una simulación de Enzo Pérez fue comprada por el réferi y se retiró expulsado.

• 6 de noviembre de 2010: debut de Leandro Paredes con tan solo 16 años en la derrota 2-0 ante Argentinos Juniors en La Bombonera

El 0-0 contra Argentinos no podía quebrarse, entonces Claudio Borghi desde el palco por estar suspendido, indicó a su ayudante Norberto Batista, que el juvenil Leandro Daniel Paredes, con solo 16 años, ingresara por Lucas Viatri. Su ingreso no dio el resultado esperado porque el Bicho convirtió dos goles en los minutos siguientes, pero quedó en la historia por la edad del volante que proyectó una carrera muy positiva en Europa.

• 7 de noviembre de 1973: último partido de Ángel Clemente Rojas

Fue un amistoso de fin de temporada ante Aldosivi en Mar del Plata. Rojitas ingresó unos minutos en el segundo tiempo en reemplazo de Carlos Pachamé, con el objetivo de revertir el resultado negativo. Fue la última aparición del ídolo con la azul y oro, luego de no disputar ningún partido ni en 1972 ni en 1973. Cerró su campaña con 222 partidos oficiales y 79 goles convertidos con cinco títulos.

• 8 de noviembre de 1981: única tripleta de Diego Maradona en su trayectoria boquense en la goleada 4-1 sobre Instituto

En el 4-1 final su influencia no solo se centró en aquellos tres goles convertidos, dado que se paró casi como una punta más y se asoció con el Chino Benítez para crear, además del Tigre Gareca para la contundencia. Sus goles de emboquilladas de aquella tarde cordobesa fueron calcados: dos piques al vacío y toque suave por arriba con zurda. El restante cruzó el penal luego de otro unipersonal. Con el resultado sellado, la multitud presente asistió a un recital maradoniano que justificó la ovación de todos cuando se retiraba a vestuarios.

• 8 de noviembre de 1987 y 1992: aportes goleadores de Carlos Daniel Tapia ante Independiente y Estudiantes, respectivamente

1987: un Boca descolorido que navegaba en el fondo de la tabla se plantó de igual a igual a un poderoso Independiente, basado en la seguridad de Genaro y en la dupla de ataque con Tapia y Comas en alto rendimiento. El Chino aportó dos goles antes de los 20 minutos de juego: el primero después de recibir de Quique Hrabina, le ganó en velocidad a Clausen y definió por arriba de Luis Islas; el segundo, cuando tomó una pelota que perdió Alfredo Graciani, escapó al arquero y la mandó a la red ante el cierre de Monzón y Delgado. Finalmente, fue empate 3-3.

1992: la recta final del Apertura mostraba cada partido como una final. Antes del cuarto de hora inicial, el Chino le dio de primera con zurda desde el vértice del área y clavó el remate junto al palo. Golazo que terminó siendo el del triunfo: "No se me venía dando el gol y se produjo en el momento que menos lo esperaba. Fue una emoción muy linda por eso lo grité así".

• 9 de noviembre de 1969: tripleta de Ángel Clemente Rojas en el 3-0 sobre Quilmes en La Bombonera

Las inspiraciones de Rojitas se reflejaron en las redes del arco cervecero. El primero anticipándose a la defensa rival tras un centro de Suñe. El segundo, también desde un centro, aprovechando su libertad dentro del área la empujó sobre la salida de Oscar Cavallero y el tercero, metió un *dribbling* perfecto, ingresó al área y definió rasante. Aquel equipo lujoso de Di Stefáno lograba otro triunfo abrumador.

• 9 de noviembre de 2008: golazo de tiro libre de Juan Román Riquelme ante Arsenal sobre la hora

Se iba un partido jugado bajo un solazo infernal en el Viaducto. Boca no encontraba los caminos para llegar al gol que lo conservara en la punta del Apertura. Luego de que le tocaran el pie de apoyo a Leandro Gracián, Román la besó, la acomodó y tomó carrera, con el ángulo derecho de Campestrini en la mira. El derechazo fue perfecto y se fue a festejar al banco con Luciano Figueroa, entre la algarabía de todos sus compañeros. La punta no se manchaba.

• 10 de noviembre de 1996: debut de Juan Román Riquelme

"Hoy jugué bien porque recibí el apoyo de otros 15 jugadores. Quiero reconocer los consejos que recibí de Néstor Fabbri, a él le dedico mi actuación. Es imposible sentirse perdido en una cancha con estos jugadores de tanta calidad. Fueron días soñados: Bilardo me dijo ayer que iba a jugar y hoy salgo de la cancha con la gente coreando mi nombre. No lo puedo creer". De esa forma, enfrentó micrófonos y grabadores que fueron en busca de esa brisa de aire fresco que recorrió La Bombonera en un momento frustrante del equipo. Toques, circulación, juego, parado de volante central, siempre cerca de Diego Latorre, y el primero de los pases gol de su carrera regalado a Fernando Cáceres para que sellara el resultado. Juan Román Riquelme se presentaba ante el gran público. Con el diario del lunes, todos valoraron su aparición, su valentía para pedirla y tantas intervenciones. Él terminó su noche en la redacción de *Olé* junto a Anabella, su novia de siempre, contando todas las sensaciones que se llevó de su tarde inolvidable.

• 10 de noviembre de 2001: Diego Maradona terminó su partido homenaje con la camiseta que Juan Román Riquelme usaba en Boca

La voz maravillosa de su pueblo acompaño con el *greatest hits* de melodías maradonianas toda la previa, el partido y el discurso de despedida. La camiseta 10 argentina relucía en cada movimiento hasta que, promediando el segundo tiempo, se quedó con la de Boca, la de Román, lo cual provocó un estallido singular en toda La Bombonera. La selección de Bielsa por un lado; estrellas del fútbol mundial de todos los tiempos, por el otro. Hasta Pelé no se lo quiso perder. Ese 6-3 fue lo menos importante en la soleada y ventosa tarde, porque los imperceptibles duendes del fútbol trajeron al estadio la carga nostálgica de una carrera sin igual. Diego sollozaba, tomó el micrófono, agradeció a los presentes, se quebró aún más: "Yo me equivoqué y pagué pero... la pelota no se mancha", frase para el bronce que se cerró entre el aplauso que no tapó su pedido final: "Se los pido de verdad: que este amor no termine nunca".

• 10 de noviembre de 2013: gol de tiro libre de Leandro Paredes, tras toque de Román, para empatar el partido ante Tigre sobre el final

La impotencia ofensiva de Boca chocaba contra la firme defensa del Matador. Hasta que sobre los 40 minutos del segundo tiempo, tiro libre prometedor para que la pelota cayera en el área, pero a Román se le ocurrió tocarla corta para Leandro que sacó un derechazo recto, potente, imposible para el esfuerzo de Javier García. Gracias a ese impulso, en otro centro, esta vez colocado por Riquelme, Daniel Díaz de cabeza dio vuelta el partido.

• 11 de noviembre de 1987: gol de Carlos Daniel Tapia para romper una racha de seis partidos sin ganar

Se inauguraba una nueva iluminación en La Bombonera y el mejor festejo para el Toto Lorenzo y sus dirigidos fue retornar a la victoria ante Argentinos Juniors, uno de los mejores equipos de ese torneo. Cerca del final, Graciani peleó una pelota, remató al arco, del rebote pateó Comas, tapó César Mendoza y Tapia —con el arco a disposición— la empujó a la red.

- **11 de noviembre de 2001: dos goles de Juan Román Riquelme para la victoria 4-2 sobre Estudiantes**

El día anterior La Bombonera pidió que él fuera convocado a la Selección y el mismísimo Diego se sacó la camiseta argentina para jugar los últimos minutos con la 10 de Román azul y oro. Al día siguiente, el último partido en casa antes del viaje a la final contra Bayern Múnich, arrancó cómodo gracias al gol de Gaitán, pero, en una ráfaga, el Tecla Farías lo dio vuelta. Entonces hubo que frotar la lámpara para que apareciera el genio de Román que, en un lapso de 17 minutos, mediante una volea desde el punto del penal y aprovechando una avivada de Guillermo, puso a Boca 4-2 y cerró su fin de semana de festejos.

- **12 de noviembre de 1995: Alberto Márcico y Diego Maradona compartieron equipo titular en la victoria 2-0 sobre Banfield**

Debido a la suspensión del Kily González, Silvio Marzolini redobló la apuesta y junto al Beto y Diego para enfrentar a un alicaído Banfield en la cancha de Independiente. Dentro de un partido mediocre, ninguno de los dos tuvo una labor destacada y al 10 lo sacó mentalmente del partido la cuarta amonestación que lo dejaba fuera del partido siguiente ante Central: "¿Cómo creen que me hice amonestar a propósito para llegar limpio al partido contra River?. Lo que más me jode es que el árbitro se haya hecho eco de una encuesta de radio preguntando si debían sacarme la cuarta amarilla. No quiero que nadie decida mi vida", explotó después del partido.

- **13 de noviembre de 1999: pase gol de Juan Román Riquelme para que Martín Palermo convirtiera su gol número 100, con los ligamentos rotos**

Todos los ojos del Estadio Brigadier López estaban puestos en Martín Palermo, que mostraba inequívocos signos de

intenso dolor. Sus ojos también enfocaron al Loco, pero para que de una vez por todas metiera su gol número 100. Recibió de Battaglia, pisó la medialuna y la puso justa para que el goleador, pese a sus ligamentos cruzados rotos, castigara de zurda junto al palo. Aun en sus peores momentos, siempre tenía un pase en el bolsillo para que el 9 hiciera *clink* caja. Instantes después ya estaba afuera del campo, mientras el equipo de Bianchi derrotaba 2-1 a Colón para seguir ilusionado con el tricampeonato.

- **14 de noviembre de 1992: golazo de tiro libre de Carlos Daniel Tapia para vencer 1-0 a Gimnasia (La Plata)**

Tiro libre al borde del área, posición ideal para un zurdo, el Chino se colocó y acarició de zurda con una rosca ilegible para Enzo Noce. Boca pasaba a ganar otro partido fundamental en el camino hacia el título tan deseado y Daniel era partícipe clave con otro gol dentro de una estructura de equipo, recostado sobre la derecha, donde alternaban la manija con el Beto Márcico.

- **15 de noviembre de 1981: golazo de Diego Maradona de emboquillada ante San Lorenzo, el último oficial de su primer ciclo**

Cerca del cuarto de hora del segundo tiempo, recibió de Cacho Córdoba sobre la izquierda, hizo la pausa, se metió en el área y dibujó un suavecito zurdazo de emboquillada sobre el arquero. Golazo muy festejado porque liquidaba el partido ante aquel equipo azulgrana que se estaba despidiendo de la primera división. En los registros quedó como el gol 28 en partidos oficiales con la camiseta azul y oro, último en campeonatos AFA hasta octubre de 1995 (ver efeméride del 15 de octubre). Aquella tarde también tuvo tiempo para una gambeta que juntó rivales por el lado derecho y se dio el espacio para meter un centro ideal para que Ricardo Gareca, de palomita, convirtiera el tercero.

• 15 de noviembre de 1987: doblete de Carlos Daniel Tapia ante Instituto y salida concretada al Brest de Francia

Cinco goles que valieron cinco puntos. La campaña *xeneize* sentía anímicamente esa bocanada de aire que tuvo su nacimiento en los gritos del Chino ante Independiente, Argentinos e Instituto: "Ando en racha, parezco un rebotero. El segundo de hoy y el que le hice a Argentinos se parecieron bastante. Siempre que Comitas engancha yo voy a buscar, creo que es meritorio de mi parte", contento analizó su presente goleador. Al día siguiente, el Brest francés puso los dólares y compró su ficha, lo que no le permitió jugar el Superclásico de la semana siguiente y puso fin a su primer ciclo en el club.

• 16 de noviembre de 1992: "De este equipo no me sacan ni muerto", la sentencia del Beto Márcico en una nota publicada en *El Gráfico* 3816

"Puede ser que esté arriesgando mucho, pero prefiero que sea así. Creo que puedo aportar al equipo, la molestia no me impide luchar ni correr, pero trato de no ejecutar córneres por ejemplo. Esto se cura con descanso, una semana no alcanza. No me sacan ni muerto del equipo, no lo soportaría". El día después de la victoria frente a Gimnasia, reposando en su cama, el Beto dejó en claro que no se perdería ningún partido en la definición del Apertura.

• 17 de noviembre de 1963: primer Superclásico de Ángel Clemente Rojas como visitante. Victoria 1-0 con gol de José Francisco Sanfilippo

El Superclásico se definió cuando Sanfilippo aprovechó una desatención defensiva riverplatense. Fue el primero de Rojitas en territorio enemigo, donde pudo mostrar mucho de su repertorio: habilidad, astucia, expuso su habitual cintura y solo le quitaron la pelota mediante infracciones, alguna que otra bastante violenta. "Si entra la primera jugada de Beto Menéndez creo que podíamos meter más goles. Fue un broche de oro al mejor año de mi vida", resaltó Ángel.

• 18 de noviembre de 2001: golazo de Juan Román Riquelme para derrotar 2-1 a Nueva Chicago

Último partido de aquel Boca antes de viajar a jugar contra Bayern Múnich: ante el entusiasta verdinegro de Mataderos. Jorge Martínez y Julián Kmet habían establecido el 1-1 que parecía inamovible en la noche de Caballito, mucho más cuando Ángel Sánchez expulsó a Walter Gaitán. Sin embargo, Román siempre tiene algo en el bolsillo. Tomó la pelota en el círculo central y jugó con Javier Villarreal, quien tocó para Delgado mientras él pasaba por detrás. Finalmente, quedó cara a cara con el arquero, al que sometió gracias a un toque precioso que entró al trote contra el palo. Golazo 100% de su categoría.

• 19 de noviembre de 2000: golazo de Juan Román Riquelme para abrir el marcador ante Talleres en La Bombonera

El último encuentro antes de la misión Real Madrid tenía tres puntos de diamante en disputa. Los cordobeses daban pelea en el Apertura y ese choque en La Bombonera podía determinar la suerte del campeonato. Primer tiempo con dos llegadas claras por equipo: cabezazos de Bermúdez y Palermo al travesaño; y dos tapadas sensacionales de Córdoba a Luis Rueda. Hasta que en el minuto final apareció él. Delgado recogió un rebote dentro del área, se acomodó y la tocó hacia Román que, entre un bosque de piernas, puso un derechazo rasante y preciso para sacar una ventaja determinante en el resto del juego, que se definió con un toque alto del Chelo.

• 20 de noviembre de 2005: dos goles de Federico Insúa para derrotar a Vélez en La Bombonera y poner a Boca en carrera al campeonato

Tras un primer tiempo sin emociones, el equipo del Coco debía salir a por todas en busca de los tres puntos. Presión alta de Sebastián Battaglia en salida, pase al Pocho que tocó suave sobre la salida de Gastón Sessa para descomprimir los nervios de La Bombonera. Sobre el final, cuando el público apretaba el puño por el inesperado tropiezo de Gimnasia ante Tiro Federal, cabeceó al gol un tiro libre que ejecutó rápidamente Guillermo Barros Schelotto. Dos gritos que dieron comienzo a la racha de triunfos en la recta final del Apertura.

• 21 de noviembre de 1998: pisada y caño de Juan Román Riquelme a David Charles Pérez

Boca ya había logrado revertir el gol inicial de Maceratesi e imponía condiciones en el Gigante de Arroyito. Sobre los 40 minutos del primer tiempo, Román recibió de Ibarra, bien pegado a la raya, sobre la derecha. Sin mirar la pelota, amagó para un lado y para otro, giró sobre su eje, la pisó y, de taco, metió la pelota entre las piernas del defensor canalla, que no pudo reaccionar. "Olé", bajó como un aluvión desde las tribunas ocupadas por los bosteros, la noche en la que se dio un paso fundamental hacia el primer título logrado en el ciclo Bianchi.

• 22 de noviembre de 2009: doblete de Federico Insúa en la goleada 4-0 sobre Gimnasia (La Plata)

Campaña irregular en aquel Apertura, con el Pocho como 10 titular ante la lesión de Riquelme. Aquel atardecer de domingo todo fue alegría en La Bombonera, con dos golazos bajo el sello de su calidad. El primero recibió saliendo del círculo central, encaró hacia el arco y, sin oposición, sacó un zurdazo fuerte que picó justo delante del vuelo de Sessa. En el segundo, apareció por detrás de Palermo con el arco de frente y definió de zurda con el pie abierto.

• 23 de noviembre de 2005: gol de Federico Insúa para abrir la serie de semifinales de la Copa Sudamericana ante Universidad Católica

Coco Basile apostó a todo y la semifinal de la Sudamericana se afrontó con algunos cambios en los 11 de memoria. En medio de un trámite muy parejo, Pocho ingresó por Nery Cardozo al comenzar la segunda etapa e hizo estallar a La Bombonera en el minuto 70, cuando luego de un centro de Barros Schelotto puso la cabeza en el segundo palo para vencer a José María Buljubasich. Dos goles de la Católica dieron vuelta el resultado rápidamente hasta que Martín Palermo decretó el empate final.

• 24 de noviembre de 1984: goleada 5-0 sobre Atlanta con gran actuación y golazo de Claudio Dykstra

En el peor momento institucional de la historia del club, la goleada ante los bohemios fue un espacio de sonrisas. Julio César Balerio sostuvo los embates de un rival que se jugaba no descender y el Flaco desplegó su categoría en la conducción del equipo y dejó grabado aquella noche en cancha de Independiente un golazo de emboquillada. Dykstra es sinónimo de aquellos años pobres donde mostró sus virtudes a lo largo de 77 partidos oficiales y cinco goles convertidos.

• 24 de noviembre de 1996: primer gol de Juan Román Riquelme en el 6-0 ante Huracán

Carlos Salvador Bilardo seguía confiando en su titularidad en un momento de mucho descontento en todo el mundo Boca. La tarde contra Huracán se abrió rápida y favorablemente gracias a los goles de Toresani, Rambert y Fabbri. Durante la segunda etapa, Boca siguió desfilando por el partido. Cedrés y Latorre le habían puesto la chapa de goleada al partido. Después, Facundo Sava peleó una pelota cerca del córner izquierdo y se la cedió a Tchami. El camerunés la llevó hasta dentro del área y tocó corto para que Román, de primera, sacara un zapatazo recto que pegó en el palo y se metió en el arco de un desolado Marcos Gutiérrez. Primer festejo grande su carrera.

• 24 de noviembre de 2013: último partido de Leandro Paredes, reemplazó a Juan Román Riquelme en la derrota 0-2 contra All Boys

"Desprendimiento del aductor izquierdo" fue el sintético parte médico que entregó Boca tras los estudios realizados a Román luego de su rápida salida del campo de juego a los 15 minutos. En su lugar, ingresó Leandro Paredes que no pudo ser nunca la manija de un equipo desorientado que agotó las chances de campeón y resultarían sus últimos minutos con la azul y oro antes de su transferencia al Zenit de Sanpetesburgo. El que hoy es pieza clave del seleccionado argentino completó 31 partidos oficiales, marcó cinco goles y participó en dos títulos: Apertura 2011 y Copa Argentina 2012.

- **25 de noviembre de 2012: dos golazos de Leandro Paredes para derrotar 3-1 a Racing en La Bombonera**

Minuto 12: centro abierto desde el costado derecho, saltó Matías Caruzzo para vencer a Sebastián Saja. Minuto 37: recibió una pelota en posición de 10, sin dudar, sacó un zapatazo con derecha, seco, que se metió junto a un palo. Minuto 69: tiro libre ideal para un zurdo, pero la acomodó para su derecha y su remate por afuera de la barrera se clavó con rosca en el arco del Riachuelo. Tarde espectacular de Leandro Daniel Paredes mostrando que su calidad ya era una realidad.

- **26 de noviembre de 2007: se concretó el pase de Juan Román Riquelme de Villarreal a Boca**

Todo dependía del acuerdo entre Villarreal y él para dar la buena nueva. Largas horas de reuniones entre los dirigentes castellonenses y sus representantes, Marcos Franchi y Daniel Bolotnicoff, sirvieron para pulir los detalles que impedían concretar el pase. De esa forma, el anuncio se propagó por todos los medios y el jugador número 12 apretó el puño de felicidad, pidiendo un último deseo: que formara parte del Mundial de Clubes que se avecinaba.

- **27 de noviembre de 2001: Juan Román Riquelme jugó con su estilo ante Bayern Múnich por la Copa Intercontinental**

Ahí estaba Román, sentado en el paso del Estadio Nacional de Tokio, llorando sin encontrar consuelo. Carlos Bianchi se acercó, le habló fraternalmente y lo tomó de los brazos para levantarlo. Boca había jugado una final digna ante un rival poderoso, que contó con un jugador más luego de la expulsión de Delgado, y que tuvo de aliado al árbitro danés Peter Nielsen, que brindó total impunidad a los volantes del equipo alemán para abusar del juego fuerte contra él. Lloró Román porque le arrancaron la copa, por ese Nielsen cómplice del Bayern, por el sueño trunco de otra hazaña.

• 28 de noviembre de 1978: Mario Zanabria jugó los 90 minutos de la final ante Deportivo Cali que consagró bicampeón de América

La Bombonera explotó de felicidad con el bicampeonato continental. Una final dominada de principio a fin, cuatro goles y la Libertadores quedó nuevamente en casa. Mario Zanabria jugó todo el partido destacándose su habilidad para manejarse en espacios reducidos. El volante que lució el dorsal número 18 en toda la competición, fue pieza clave para la creación y los característicos contragolpes de aquel inolvidable equipo del Toto.

• 28 de noviembre de 2000: consagratoria final Intercontinental ante Real Madrid de Juan Román Riquelme

Román fue el amo y señor de la pelota en aquella noche de gloria. Para cuidarla, llevarla y lanzar ese teledirigido al pique de Martín Palermo que terminó en el segundo gol. Para sacar a pasear a Claude Makelele por todo el césped del Nacional de Tokio y demostrarle al mundo de qué se trataba el potrero sudamericano. Para esconderse sobre la raya izquierda y pisarla para acá, para allá y ridiculizar a cualquier jugador del Real Madrid que intentara acercarse. Cuando los españoles apretaron, fue la bocanada de aire puro que sacó a Boca del fondo y terminó jugando al ritmo que él quería, a tal punto que, una vez terminado el partido, Luis Figo debió esperar que se terminara el abrazo con Carlos Bianchi para cumplir el intercambio de casacas prometido en la previa. Inolvidable, irrepetible y consagratoria aquella conquista mundial con la camiseta de su vida.

• 29 de noviembre de 1964: fundamental gol de Norberto Menéndez que sirvió para empatar el partido y encaminarse hacia el título

Boca soportó el dominio visitante del primer tiempo sin desmoralizarse para luego tomar las riendas del partido y buscar el gol del empate que lo dejaría en la puerta del campeonato. Su tenacidad lo fue llevando contra el arco de Amadeo

Carrizo hasta que el Beto empalmó de zurda un rechazo de la defensa visitante e hizo estallar a La Bombonera que cantó hasta la afonía el "...porque este año desde La Boca salió el nuevo campeón".

• 29 de noviembre de 1994: golazo de emboquillada de Alberto Márcico contra Independiente

Veinte días después de perder la final de la Supercopa, otra vez se visitaba Avellaneda. El equipo de Menotti sacó rápida ventaja con un doblete de Polillita Da Silva, Manteca Martínez estiró la ventaja y el Beto cerró la goleada con un gran gol de emboquillada, entrando en solitario al área, por arriba de Luis Islas, que terminó festejando de cara a la popular *xeneize*.

• 29 de noviembre de 1998: Juan Román Riquelme obtuvo su primer título en Boca

El empate final entre Gimnasia y Rosario Central abrió la puerta de los festejos en una Bombonera que estallaba de placer luego de seis años de ayuno. La participación de Román en aquel Apertura tuvo una importancia superlativa porque fue el conductor del equipo, impuso tiempos, alimentó a la sociedad Guillermo-Palermo y mostró su pincel en la mayoría de los 17 partidos que condujeron a la primera consagración local de Carlos Bianchi, *factótum* de su maduración para empezar el camino a convertirse en el mejor jugador de la historia del club.

• 29 de noviembre de 2020: golazos de Edwin Cardona a Newell´s homenajes a Maradona

La Bombonera vacía por la pandemia recibió a Dalma Nerea, la hija mayor de Diego, para homenajear a su padre que había pasado a la eternidad el miércoles anterior. Todos los jugadores aparecieron en el campo con la inscripción "Maradona 10" en sus casacas. Dentro de un partido favorable, el colombiano marcó dos golazos con su sello: el primero de tiro libre y el segundo con un toque suave entre las piernas del arquero Leporoso.

• **30 de noviembre de 2008: dos goles de Juan Román Riquelme para vencer a Racing 2-1 por el Apertura**

La pelea por el campeonato había entrado en alta combustión entre Boca, Tigre y San Lorenzo, además de Lanús, que espiaba desde atrás. No había espacio para el resbalón, por eso el equipo de Carlos Ischia salió a copar el mediocampo de entrada, con Román moviéndose enfrente de los delanteros y encabezando a través de inspiraciones personales, como esa jugada en la que ingresó al área gambeteando a todo lo que se le cruzara y fue atorado por Pablo Migliore. Minutos más tarde, se sacó la marca de encima y puso un pase raso al pie de Luciano Figueroa, que fue embestido por el guardameta académico. Penal. Migliore pidió a los gritos que lo pateara a su derecha, deseo que Román cumplió para poner a los *xeneizes* en ventaja. Luego del rápido empate de Racing, condujo al equipo hacia adelante y, pasado el cuarto de hora del segundo tiempo, armó una pared con Dátolo, la pelota se elevó y le dio de volea dentro del área. El festejo sirvió para hacer callar la bronca de un adolescente en la platea preferencial y, lo más importante, ser únicos punteros del certamen.

CAPÍTULO 12

DICIEMBRE

- **1 de diciembre de 1963: Ángel Clemente Rojas titular en la victoria 2-1 sobre Barcelona en el Camp Nou, comienzo de la gira europea**

Bajo una intensa lluvia que conspiró contra la convocatoria en el Camp Nou, el equipo sacó adelante el primer amistoso de la gira europea con goles de José Sanfilippo y Alcides Silveira. Rojitas asombró al público catalán con sus movimientos y fue bautizado "el universitario" por su *look* juvenil. Además, intensificó su acondicionamiento físico que lo llevó a aumentar seis kilos durante su primer año profesional.

- **2 de diciembre de 1981: Diego Maradona jugó su último partido oficial de su primer ciclo boquense**

Juan Carlos Montaño, DT de Vélez, se paró ante Abel Moralejo y le exigió: "Vos no jugás, pero el 10 tampoco". Si bien no abusó del juego fuerte, lo maltrató con empujones, agarrones y toques leves, además de perturbarlo desde la lengua. El partido fue jugado con ese mismo tono por el resto de los protagonistas, a tal punto que en la segunda etapa el árbitro Carlos Espósito expulsó a Córdoba y Benítez por el lado de Boca,

junto con Larraquy y Segovia en Vélez. Hasta que, faltando diez minutos, harto del pegajoso Moralejo, reaccionó de mala forma y se fue a las duchas con su cancerbero. Aquel instante fue su última acción en el fútbol argentino hasta 1993. "Estoy con una bronca bárbara. Además de la roja que me comí, tengo que soportar que ese Moralejo diga que me tiene de hijo. ¿De hijo a mí? Por favor", fue el descargo de un embroncado Maradona.

• 2 de diciembre de 2018: golazo de Edwin Cardona para sellar la victoria 1-0 sobre Independiente

Recibió la pelota por izquierda, le dieron espacio para hacer el corte y enganchar hacia su perfil más hábil para sacar un derechazo raso, inatajable para Camilo Campaña. Brillante definición que significaron tres puntos para Boca en un compromiso difícil.

• 3 de diciembre de 2000: gran pase gol de Juan Román Riquelme para el gol de Martín Palermo a San Lorenzo

La fiesta del campeón intercontinental, que hizo estallar de felicidad a La Bombonera, tenía como fondo un partido decisivo en la carrera por el Apertura, en el que hubo que trajinar para encerrar a un rival que jugó al máximo para enchastrar el sueño de la triple corona. El cansancio de la vuelta al mundo en diez días pasaba factura, parecía imposible, pero sobre los 40 del segundo tiempo, Riquelme recibió de espaldas al arco, giró y la picó para Martín Palermo, que tocó de zurda a la red sobre la salida de impotente de Sebastián Saja. Gol tan gritado como los de Japón. Otra vez pase de Román y gol de Martín que valía casi un título.

• 4 de diciembre de 1965: fundamental gol camino al bicampeonato de Ángel Clemente Rojas para vencer por la mínima a Chacarita

Boca sintió la falta de Beto Menéndez en la creación y se conformó con acercar peligro mediante la pelota parada. Desde un tiro libre, cuando se terminaba la primera parte, Rojitas tomó un rebote en la barrera y la colocó junto al palo del arquero funebrero, Cordero. Lo festejó danzando frente a la multitud *xeneize* que copó San Martín.

• 4 de diciembre de 2011: título número 10 de Juan Román Riquelme en el club

"Boca es el mejor y la razón es muy simple: la diferencia de puntos que le sacó al resto de los equipos. Gustará más o menos, pero algo hicimos para tener la ventaja que tenemos", comentó feliz, luego de alzar la copa que la empresa patrocinadora del certamen le entregó en mano. Motorizado por el descenso de River y la propia situación tras las malas campañas de 2009 y 2010, el equipo transitó por actuaciones muy convincentes al principio y más conservadoras sobre el final. Román tuvo picos de rendimiento hasta el regreso de la fascitis plantar que solo le permitió jugar unos minutos el día de la consagración, cuando vencieron a Banfield por 3 a 0.

• 5 de diciembre de 1943: dos goles de Jaime Sarlanga para gritar campeón ante Ferro

El reloj corría impiadoso y aumentaba la ansiedad de la multitud boquense que llenó todo el estadio de Caballito. Cuando se jugaban 80 minutos, Pío Corcuera falló desde excelente posición para definir ante Gualco, pero Jaime Sarlanga recogió el balón y la mandó adentro del arco. Gol tan festejado que entre sus compañeros y los hinchas que saltaron al campo dejaron lastimado a Piraña. Minutos después, Severino Varela dejó en el camino a tres rivales y le sirvió el gol a Sarlanga para que pusiera la rúbrica en el resultado y el título de campeón.

• 6 de diciembre de 1964: festejo del título con gol de Rojitas para batir a Chacarita 2-1 en La Bombonera

Recibió de espaldas al arco casi sobre la medialuna. Se acomodó, giró y sacó un remate con derecha alto que se clavó junto al travesaño. Golazo de Ángel Clemente Rojas para dar vuelta el partido y desatar la fiesta de los campeones en La Bombonera repleta.

• 7 de diciembre de 1930: dos goles de Roberto Cherro en el 6-1 sobre Banfield

Otra muestra de superioridad neta del Boca de Fortunato sobre los rivales del ámbito local. Roberto rubricó la goleada con dos apariciones en los minutos finales, el segundo con otro de sus clásicos cabezazos. Un equipo arrasador que superó los 100 goles a favor con el Cabecita de Oro como máximo exponente.

• 8 de diciembre de 1940: dos goles de Bernardo Gandulla y dos de Jaime Sarlanga en la goleada 5-2 sobre Independiente, fundamental para la obtención del título

Año de inauguración de La Bombonera, año de festejos con el campeonato logrado en una soleada tarde de diciembre. Partido difícil ante un Independiente con apellidos ilustres como Sastre, Erico y De La Mata, entre otros. En ese contexto, un cabezazo suyo dio en el poste y Sarlanga la empujó al fondo del arco. El mismo Piraña de cabeza logró el segundo empate. Tras el gol olímpico de Emeal, el equipo se desató y llegaron los goles del Nano, de gran segundo tiempo, siendo el gestor de la postura ofensiva que permitió el triunfo y la primera vuelta olímpica en el templo.

• 8 de diciembre de 1965: gol sobre la hora de Norberto Menéndez para derrotar a River 2-1 y dar un paso decisivo hacia el bicampeonato

El Beto cambió su imagen de permanentes pleitos con sus rivales durante el primer tiempo por la del jugador conceptual, que puso la pelota contra el piso y participó activamente en la creación del juego con la que su equipo se llevó la victoria ante el eterno rival. Después del empate de Pianetti, Menéndez penetró por la derecha y le dio fuerte al primer palo descuidado de Amadeo Carrizo que hizo delirar a La Bombonera.

• 8 de diciembre de 2019: el voto del socio eligió a Juan Román Riquelme como Vicepresidente segundo del club

"Los quería saludar, quería agradecerles. Hemos tenido la suerte de que más de 40 mil socios fuimos a votar. Fue toda una gran fiesta, pese a los problemas para votar del comienzo del acto. Les doy las gracias porque me hicieron volver al club, porque la estoy pasando muy bien, porque disfruto mucho y ojalá que ustedes estén muy contentos también", dijo Román, mediante un video publicado en sus redes sociales.

• 9 de diciembre de 1995: último partido de Alberto Márcico en la derrota 2-1 ante Estudiantes

Una jornada triste por la derrota que marcó el fin de la ilusión en el Apertura. Sin Diego afectado por un virus estomacal, el Beto se calzó la 10 en un partido que comenzó con victoria tranquila y terminó en las tinieblas. Carlos Bilardo, al firmar como DT en los últimos días del año, decidió que el Mágico fuera a entrenar con los prescindibles en el predio de Parque Sarmiento y semanas después consiguió la salida a Gimnasia de La Plata, convencido por la propuesta de Carlos Griguol. Cerró su campaña *xeneize* con 154 partidos oficiales, 15 goles convertidos y tres títulos, pero principalmente marcó una época de idolatría por su compromiso para la obtención del Apertura 92.

• 10 de diciembre de 1975: Osvaldo Potente cerró su primer ciclo en el amistoso ante Nacional en Montevideo

Boca finalizó su año futbolístico con un amistoso ante Nacional en el Centenario por la Copa "Javier Ambrois". Patota jugó los 90 minutos y convirtió el gol del triunfo. Fue su última aparición debido a que durante la pretemporada, luego de un desacuerdo con el Puma Armando, fue cedido a Rosario Central.

• 11 de diciembre de 2005: gol de Federico Insúa para asegurar el triunfo ante Independiente que los depositó en la cima del Apertura

Un segundo tiempo arrollador del Boca del Coco para posicionarse en la punta del Apertura a falta de una fecha, al menos hasta que Gimnasia no le hiciera un gol a Newell´s. Cuando se cerraba el partido, un desborde matador de Rodrigo Palacio le sirvió el tanto al Pocho que tocó con el arco libre y prefirió no gritarlo a pesar de los continuos insultos de la popular de Independiente. Cuando se confirmó el empate del Lobo, La Bombonera fue un alarido gigante porque el equipo llegaría puntero a la última jornada.

• 12 de diciembre de 1971: tripleta de Osvaldo Potente en la goleada 5-0 sobre Vélez

El sistema para definir a los semifinalistas del Nacional obligaba a que Boca metiera muchos goles y esperara un revés de San Lorenzo ante Colón en Santa Fe. Por ello La Bombonera empujó contra el arco fortinero para que cada grito metiera presión a los azulgranas. Primero fue Picky Ferrero con un golazo, luego el oportunismo de Curioni y el resto de la obra fue escrita por Patota con una tripleta donde mostró su potencia y frialdad para definir. El resultado no alcanzó por el 4-1 conseguido por los azulgranas ante los sabaleros, pero desde las tribunas retribuyeron el esfuerzo con una gran ovación para todos.

• 13 de diciembre de 1998: cierre invicto del Apertura con Juan Román Riquelme como emblema del fútbol del equipo de Carlos Bianchi

Román fue uno de los más ovacionados en aquella vuelta olímpica deseada en medio de papelitos picados y un gigante inflable que se movía al compás del viento. El partido contra Unión, con doblete de Palermo y otro de Arruabarrena, sirvió para firmar y sellar una campaña histórica de 13 victorias y seis empates, 45 goles a favor y 18 en contra, y el liderazgo indiscutido de Juan Román Riquelme.

• 14 de diciembre de 2003: Pedro Iarley llevó el dorsal número 10 en la conquista de la tercera Intercontinental

El brasileño no era un 10 clásico, sino un segunda punta o acompañante de los dos delanteros como iba a aparecer en aquella final ante Milan Carlitos Tévez, si no hubiera sido lastimado 40 días antes por el defensor de Independiente, Félix Benito, que lo obligó a esperar desde el banco de suplentes. Iarley participó en la jugada del gol de Matías Donnet, con un desvío fundamental de la trayectoria de la pelota luego del centro de Guillermo Barros Schelotto que hizo descolocar a Dida y disputó los 120 minutos completos de tiempo regular.

• 14 de diciembre de 2005: golazo de tiro libre de Federico Insúa para derrotar a Olimpo 2-1 y consagrarse campeón del Apertura

Los empates parciales de Boca y Gimnasia le otorgaban el título a los *xeneizes*, pero el equipo del Coco buscaba el segundo antes de terminar la primera etapa. Tiro libre al borde del área, se pararon Cata Díaz y el Pocho quien sacó un zurdazo notable, dotado de una comba indescifrable que descolocó a Carlos Roa. Fue, en definitiva, el gol del campeonato para dar la vuelta olímpica en Bahía Blanca, el segundo título del cartón lleno del primer ciclo de Alfio Basile.

• 15 de diciembre de 1995: "Si Macri contrata a Bilardo, me voy de Boca", Diego Maradona condicionó su futuro y comenzaron las reuniones entre el flamante presidente y el entorno maradoniano

Al regreso del amistoso disputado en Santiago, frente la Universidad de Chile, Diego tuvo una respuesta clara y contundente ante el rumor ya instalado sobre la llegada del Narigón al banco de Boca. "Mauricio, no puede ser que me entere mediante un periodista que contrataste a Bilardo. Yo te banco pero no me pidas que sea dirigido por Bilardo otra vez", le respondió en la intimidad de una reunión realizada en el departamento de Guillermo Coppola. "Queremos a Maradona y también al Narigón", fue el cántico nacido desde el corazón de la popular durante el irrelevante 2-2 ante Deportivo Español.

"Carlos quiere estar en Boca y con Maradona. Pero es perfeccionista y quiere tener todo claro antes de firmar el contrato. Somos optimistas", aclaró Carlos Ávila, titular de Torneos y Competencias, quien tenía contratado al doctor para diferentes envíos de la productora.

- **16 de diciembre de 1928: Roberto Cherro convirtió los cuatro goles de la victoria ante Sportivo Barracas**

Otro póker del Cabecita de Oro, en este caso goleador exclusivo en la visita al estadio arrabalero. En una ráfaga de tres minutos, sacó dos goles de diferencia y en la segunda etapa clausuró el resultado con otro doblete cerca del epílogo del *match*.

- **16 de diciembre de 1962: gol de Norberto Menéndez en la victoria 4-0 ante Estudiantes que sirvió de celebración del título**

Al minuto del segundo tiempo, el Beto recibió un pase rasante y de sobrepique infló la red del arco pincharrata. Golazo para dar rienda suelta a toda la alegría boquense contenida tras ocho años sin campeonatos. Menéndez fue pieza clave del equipo con su chispa y visión de juego, y aquella tarde en La Bombonera formó una sociedad destructiva con Paulo Valentim para redondear la goleada.

- **16 de diciembre de 2001: dos goles y gran partido de Juan Román Riquelme para el cierre del primer ciclo de Carlos Bianchi como DT**

La mañana de domingo olía fuerte a despedida. Carlos Bianchi dirigía su último partido del primer ciclo dorado en el club y la goleada a Independiente fue la mejor forma de decir adiós. Para ello colaboró un Román en su mejor versión con dos golazos de su estilo, el primero un zapatazo de media distancia y el segundo a pura destreza dentro del área, más una actuación superlativa.

- **17 de diciembre de 2000: cierre perfecto para Juan Román Riquelme y para Boca: Campeón del Apertura con gol de Matías Arce**

¡Todo! Boca cerró su año 2000 con una triple corona inédita hasta ese momento en sus 95 años de historia. Campeón de América, intercontinental y local. Román fue protagonista estelar de los logros, sellando su idolatría para siempre. En aquel partido ante Estudiantes, armó juego sobre la línea del lado de los palcos, la alargó para Matías Arce, quien doblegó a Tauber con un derechazo al cuerpo. El goleador de aquella tarde tuvo pocas oportunidades para afianzarse en primera, pese a su distintiva pegada de media distancia, y partió rápido a buscar nuevos horizontes futbolísticos.

- **18 de diciembre de 2005: Federico Insúa convirtió uno de los penales de la serie que definió la Copa Sudamericana ante Pumas UNAM**

El Pocho participó activamente en la final con el centro combado en su tiro libre que sirvió de asistencia para el gol de taco de Martín Palermo. Luego de 90 minutos durísimos, todo quedó en mano de los penales. Tras la fallida ejecución de Guillermo Barros Schelotto, tenía la obligación de convertir. Su zurdazo engañó completamente al guardameta universitario, Sergio Bernal, entrando suavemente junto al otro palo. Alivio para toda La Bombonera en una serie para el infarto que terminó con la tercera vuelta olímpica del primer ciclo de Alfio Basile.

- **19 de diciembre de 1965: bicampeones con participación de Ángel Clemente Rojas y Norberto Menéndez**

Rojitas aportó fuerza, temperamento, fútbol, con su habilidad inagotable, esa cintura particular y la inventiva para fabricar jugadas en lugares imposibles. El respaldo de don Adolfo Pedernera resultó vital y él respondió con ese aire fresco que a todo equipo hace bien. Por su parte, el rendimiento del Beto tuvo altos y bajos, pero en la recta final se destacó su talento,

el manejo de la circulación, los tiempos y velocidad de cada ataque. Tras la victoria ante Atlanta, La Bombonera gozó de placer por el bicampeonato logrado.

• 20 de diciembre de 1992: jornada histórica de consagración en el ámbito local con presencias de Carlos Tapia y Alberto Márcico

"Estos merecen todo. Mirá cómo alentó aún en desventaja. Por suerte ese gol nos dio tranquilidad a nosotros y a la gente también". El Beto, piluso con trenza puesto desde el final, mostraba su emoción a flor de piel. Luego fue llevado en andas por todo el perímetro del estadio y terminó colgado bien arriba del alambrado que cedió ante tanto peso. Su sueño de pibe, el que lo atrajo desde la comodidad francesa a la presión de un Boca obligado estaba concretado. El Chino, por su lado, dio la vuelta olímpica en compañía de su padre primero y después se entregó al frenesí junto a los demás, siendo paseado por un hincha, conservando la camiseta del partido y llorando bajo un estado de emoción total. En su cuarto regreso al club, la consagración tantas veces postergada era realidad. Ambos habían sido claves en un título que se festejó como pocos y terminó eternizándolos. ¡Boca, Campeón del Apertura!

• 20 de diciembre de 2008: toque perfecto de Juan Román Riquelme para que Rodrigo Palacio empujara la pelota al gol ante San Lorenzo

El cabezazo bien direccionado pero débil de Gastón Aguirre fue embolsado por Javier García. El guardameta sacó alto y abierto hacia la izquierda para la ubicación de Jesús Dátolo. El volante cambió rápidamente de frente para la posición de Román que la vio venir, extendió su pierna derecha y con un solo toque dejó en posición de gol a Rodrigo Palacio, que definió bajo sobre la salida de Agustín Orión. Boca pasaba a ganar el partido que lo posicionaría para campeón de aquel Apertura definido en un inédito triangular. La magia de Riquelme lo había hecho posible de nuevo.

• 21 de diciembre de 1990: Osvaldo Potente fue designado como ayudante de campo de Óscar Washington Tabárez en su glorioso primer ciclo en el club

"El que más te puede ayudar es Potente", le recomendó Silvio Marzolini al Maestro cuando fue a conocer las instalaciones de La Candela, ni bien confirmado como DT de Boca para 1991. "Es un tipo frontal, inclusive para las críticas, y tiene buena relación con los jugadores". El oriental tomó nota antes de partir a La Bombonera a firmar su contrato e incluyó a Patota en su cuerpo técnico.

• 22 de diciembre de 1976: Mario Zanabria jugó todo el segundo tiempo de la histórica final del Nacional ante River

Los médicos miraron al Toto e hicieron la inequívoca seña del cambio. Darío Felman se encontraba en la camilla del vestuario visitante de El Cilindro con el tobillo derecho detonado a raíz de una fuerte infracción de Pablo Comelles. Su lugar sería ocupado en la segunda etapa por Marito, quien se acomodó en su clásica posición de lanzador para los piques del Heber Mastrángelo. "El Toto me dijo: ´Juegue de cuarto volante, no de puntero, así el lateral (Comelles) lo tiene que venir a buscar´. A los pocos minutos, River se desorientó en esa zona y sacamos ventajas", recordó años más tarde Marito, en Infobae. El resto es todo conocido: la gran final se definió por la pegada del Chapa Suñé que clavó un tiro libre al ángulo de Fillol.

• 23 de diciembre de 1928: Roberto Cherro convirtió dos de los seis tantos de la goleada 6-0 sobre River

Antes de los cinco minutos, Boca ya ganaba 1-0 con gol de Tarasconi. Dos jugadores visitantes, Giglio y Uriarte, abandonaron lesionados el terreno de juego y un rato más tarde, los tantos de Kuko y otra vez Tarasconi habían estirado la diferencia a tres goles. La segunda parte fue otra sesión de baile. Kuko y dos veces Cherro pusieron el 6-0, mientras otro jugador de la banda roja, de apellido Góndar, se rajó a las duchas an-

tes de tiempo por otra llamativa lesión. El juez Forte escuchó el ruego del capitán derrotado, se apiadó y terminó el partido siete minutos antes del tiempo reglamentario, en medio de ruidosos festejos de la hinchada de Boca. Los 11 que entraron en la historia fueron: Merello, Bidoglio, Mutis, Médici, Fleitas Solich, Moreyras, Penella, Kuko, Tarasconi, Cherro y Evaristo.

• 23 de diciembre de 1970: Ángel Clemente Rojas convirtió el gol para derrotar en la final del Nacional a Central

El Monumental desbordado en todas sus ubicaciones seguía nervioso una final disputada al máximo. Boca había sido amplio dominador, pero Central se encontró el gol ayudado por la suerte y lo defendió con fiereza hasta que Rojitas desparramó sus virtudes para armar una jugada entre cuatro rivales y picarla por arriba del arquero señalando el merecido empate. En pleno tiempo suplementario, cuando faltaban diez minutos para la medianoche, Jorge Coch de cabeza, puso el 2-1 que entregó otra estrella en el cielo azul y oro.

• 23 de diciembre de 2008: consagración de Juan Román Riquelme en el Apertura 2008

Vio el partido en las plateas del Cilindro debido a la suspensión por acumulación de amarillas. A puro nervio como todo Boca para soportar los embates del Tigre de Diego Cagna, hambriento por obtener su primera estrella. Tras el pitazo final de Sergio Pezzota, bajó al césped, en compañía de su hijo Agustín, para celebrar con sus compañeros y la multitud boquense. En aquel torneo, Román jugó 17 partidos y conquistó cinco goles, además de ser una pieza vital del andamiaje del equipo campeón de Carlos Ischia.

• 24 de diciembre de 1992: dedicatoria del Beto Márcico a la gente por el campeonato

"Quiero dedicarles el campeonato y al mismo tiempo agradecer, por intermedio de *El Gráfico*, el aliento y la confianza que me brindaron en estos nueve meses. ¡Felices fiestas y mejor 93!". Firmado de puño y letra por el Beto.

• 25 de diciembre de 1981: la Navidad de Diego Maradona jugador de Boca

Recluido en su quinta de la localidad bonaerense de Moreno, Diego se tomó descanso del brutal año a puro compromiso, desconectado de todo, luego de acordar la documentación del pago de su deuda por parte de Boca y despuntando el vicio de jugar un picado por día en la canchita "Morumbí" armada dentro de sus terrenos. "Este entrenamiento con pelota que hago en Morumbí me servirá para la gira, más el acondicionamiento físico en un gimnasio", respondió a quienes se preguntaban cómo encararía la desgastante gira que realizaría Boca durante enero.

• 26 de diciembre de 2012: reunión en la casa de Carlos Bianchi entre Juan Román Riquelme, Carlos Bianchi y Daniel Angelici

"Vine a tomar mate con Bianchi, que tengan felices fiestas", señaló escuetamente Román, a la salida de la reunión que se llevó a cabo durante casi tres horas en el domicilio particular del Virrey, ubicado en el Barrio Parque. Luego de la confirmación de su regreso al club, el DT más ganador de su historia quiso contar con el 10 para encarar la tercera etapa y trataron de convencerlo en aquella reunión, donde también participó el entonces presidente, Daniel Angelici.

• 27 de diciembre de 1965: "Rojitas, la riqueza técnica", el análisis del bicampeón en *El Gráfico* no admite dudas sobre su aporte

"Rojitas le impuso sabor y color de fútbol a un equipo cuyas características fueron su dureza, su fuerza y temperamento", analizó *El Gráfico* en un detallado informe del equipo bicampeón. "Nunca dejó traslucir lo que pretendía hacer con la jugada. Aportó un fútbol dúctil, ingenioso y entrador".

- **28 de diciembre de 1940: conexión Sarlanga-Gandulla para el segundo gol a Nacional de Montevideo por la Copa Aldao**

Boca demostró muchas virtudes en el césped del Centenario, pero no pudo imponerse en el resultado. Dosificó fuerzas luego de una temporada exigente, lo que permitió recuperarse al rival que mostró entusiasmo y lucha. El Nano recibió la pelota en soledad gracias a un movimiento muy hábil de Piraña y sometió con un tiro potente al golero local. Nacional consiguió el empate en una jugada muy polémica, las protestas escalaron y el árbitro Tejada decidió terminar el *match*.

- **29 de diciembre de 1995: finalmente, Diego Maradona y Carlos Bilardo llegan a un acuerdo para la continuidad del 10 en Boca**

"Es diferente a todos y no necesita entrenar a la par como los demás", declaró Bilardo cuando lo presentaron en conferencia de prensa. Las palabras fueron una caricia virtual para el 10, quien revirtió su pensamiento de 13 días atrás, cuando, luego del empate 2-2 ante Deportivo Español, dejó en claro que no trabajaría con el DT campeón mundial de México 86 debido a los problemas que habían tenido durante su campaña en Sevilla.

- **30 de diciembre de 1992: Silvio Marzolini y Hugo Gatti le dan la bienvenida al Beto Márcico en una nota de *El Gráfico***

"El Beto fue un jugador muy importante y no tenía reemplazo. Jugar lesionado como lo hizo aumentó su influencia en el público porque puso todo, todo", expresó Silvio Marzolini. "Entraste rápido a la gente porque dejaste todo desde un principio y coincido que no tenías reemplazante", le confesó el Loco Gatti. *El Gráfico* reunió a dos ídolos *xeneizes* para recibir simbólicamente al Mago de Barracas en la selecta galería de ídolos boquenses.

- **31 de diciembre de 1990:** *El Gráfico* **lanza en su tapa la pregunta "¿Diego a Boca?**

"El sueño de jugar en Boca Juniors tal vez pueda hacerse realidad", reconoció Marcos Franchi, y aceleró todos los corazones *xeneizes* deprimidos por la intrascendente campaña del equipo durante el torneo Apertura. "Hay otras ofertas, además de las que ya se conocen de Japón y Francia. ¿Qué club del mundo no querría tener a Maradona un par de temporadas, descansado, otra vez con ganas de divertirse? Pero ya no se trata solo de dinero. Por eso creo que está más cerca de Boca que nunca", recalcó Franchi. Por su parte, en Buenos Aires, *El Gráfico* lo puso en tapa con el título :"Ojalá sea la primicia del año: Diego a Boca".

AGRADECIMIENTOS

- Sergio Lodise
- Alejandro Magaldi
- Leonardo Fernández
- Grupo Bocatv
- Grupo Bosteros de Antes

BIBLIOGRAFÍA

Colección Revista *El Gráfico* 1940- 1995

Sitio historiadeboca.com.ar

Sitio elgraficoweb.com.ar

Sitio tapasclarin.com

Sitio diarioole.com.ar

Sitio imborrableboca.blogspot.com

Libros:

- Domínguez, S. (2016). *365 Historias de Boca*. Libro Fútbol.
- Domínguez, S. (2019). *365 Historias de Riquelme*. Libro Fútbol.
- Domínguez, S. (2019). *365 Historias de Maradona*. Libro Fútbol.
- Domínguez, S. (2019). *365 Historias de Palermo*. Libro Fútbol.
- Ferreira Martins, J. (2022). *Crónicas de Pura Felicidad Xeneizes*.
- Cuentas de RR.SS:
- El Apertura 92
- Bocalibro69

SOBRE EL AUTOR

Sergio Darío Domínguez nació en Haedo, Buenos Aires (1973). Es Técnico Superior en Periodismo y Periodista Deportivo recibido en la Escuela del Círculo de Periodistas Deportivos (1995). En 1991 desempeñó labores en diferentes radios FM de las zonas sur y oeste del Gran Buenos Aires. Más tarde, trabajó para el multimedio partidario Boca un sentimiento. Ha sido redactor del periódico El Crá, de los portales betazeta.cl, futbolpasion.cl y actualmente colaborador permanente del Centro de Estudios del Deporte (CEDEP) y corresponsal en Buenos Aires de radiosport.cl, todos de Santiago de Chile. También se desenvuelve como Community Manager de las redes sociales y página web de la Escuela del Círculo de Periodistas Deportivos y de dos sitios boquenses: locosxcabj y bocatv.

Creó el sitio copasdeclubes.com y realizó trabajos periodísticos para los libros Doctor y campeón (autobiografía de Carlos Bilardo, 2013), Historias insólitas de Copa Libertadores (Luciano Wernicke, 2015) y El método Pellegrini (Francisco Sagredo, 2015).

9 789878 943367